아시아

이재명 자서전

그 꿈이 있어
여기까지 왔다

"누구에게나 기회가 있고,
노력이 존중받고,
성공이 존경받는
세상을 열어가고 싶다."

이재명 지음
스토리텔링콘텐츠연구소 진행

아시아

봄의 대지에 움트는
생명의 소곤거림

어느새 긴 겨울이 지나고 새봄이 다가오고 있습니다.

제가 만난 여러분들로부터 저의 정책 너머에 있는 인간적인 진솔한 모습을 더 많은 분과 공유했으면 좋겠다는 말씀을 듣고 이 책을 내기로 했습니다.

이재명은 '일은 잘하는데 싸움닭에다 독하다'는 이미지가 강한 줄 압니다. 제 이미지가 그렇게 형성된 것은 전적으로 저의 그릇입니다. 내면과 감성을 드러내는 일에 서툴러 벌어진 일입니다.

제가 살아온 과정을 정확하게 조사하고 검증한 『인간 이재명』을 토대로 자원봉사자들의 도움을 받아 저의 마음을 진솔하게 전달하려고 애썼습니다. 저의 이야기가 겨우내 얼었던 땅 밑에서 새봄을 준비해온 씨앗들이 움을 틔우는 따뜻한 소곤거림으로 여러분에게 다가가길 희망합니다.

대학 진학 후 광주의 참상을 알게 되면서 성실하고 소박한 사람들, 가진 게 없어서 서러운 이 사회의 약자들을 위해 살아보겠다는 다짐을 일기장에 적었었습니다. 그리고 그 다짐을 지키기 위해 애쓰며 여기까지 왔습니다.

보람도 있었고 소중한 사람도 많이 얻었습니다. 하지만 또 그 다짐을 지키는 일이 얼마나 힘겨운지를 자주 깨닫기도 했습니다. 너무 억울하고 두려울 때도 많았습니다.

기득권과의 싸움은 제게 많은 상처를 남겼습니다. 진실이 드러나는 것은 시간이 걸리고 어려울 것입니다. 하지만 저는 이렇게 배웠습니다. 진실은 언젠가 반드시 드러나는 것이다.

　이 책은 국민 여러분께 보내는 저의 진솔한 고백입니다.
　국민 여러분의 힘이 아니었다면 이재명은 없었습니다.
　또 국민 여러분의 뜻이 아니라면 앞으로의 이재명도 없을 것입니다.

　부디 함께해주시길.......
　어려울 때마다 손을 내밀어주시고, 제가 부당하게 공격당할 때 '내가 이재명이다'라고 외치며 함께해주신 분들, 힘든 우리 젊은이들이 살아갈 내일의 대한민국을 위해 제가 필요하다고 격려해주신 국민 여러분께 고개 숙여 감사드립니다.

2022. 2. 16. 이재명

차례

유서를 쓰다

약자들에게 힘이 되어보겠다

나는 어려웠던 시절의 사람들을 잊지 않는다

스물다섯 살 어린 변호사를 응원해준 인생의 스승들

끝나지 않은 전쟁

이토록 오지에서
한 마리 담비처럼

이토록 오지에서
한 마리 담비처럼

내 고향은 경북 안동시 예안면 도촌리 지통마을이다. 첩첩산 중 산꼭대기 기막힌 오지, 화전민들의 터전. 지금도 버스가 다니지 않는다. 50, 60대 남성들의 로망을 그려내는 TV 프로그램 '나는 자연인이다'의 배경으로 맞춤한 곳.

나는 삼계초등학교를 다녔는데 왕복 12킬로미터 산길을 걸어야 했다. 초등학생의 그 짧은 다리로 걸어 다니자니 결석이 많을 수밖에 없었다. 폭우로 다리 잠기면 못 가고, 눈보라 치면 못 가고…….

"형, 오늘 날씨 참 좋으네?"

내가 말하면 앞서가던 형이 슬쩍 뒤돌아보았다. 그러곤 하늘

한 번 쳐다봤다.

"그래, 날씨가 지나치게 좋은 감이 있다, 그자?"

나는 형의 입만 바라보았다. 허가가 떨어지길 기다리며…….

"뭘 가냐? 그냥 놀자."

못 가는 날들이 많았지만 그렇게 자체결석 처리하는 날도 꽤 있었다.

겨울이면 먼저 간 장난꾸러기들이 징검다리에 물을 뿌려놓기도 했다. 얼음 언 징검다리는 고무신 신고는 건널 수 없었으니 그 역시 '중간 하교'를 하는 이유가 되었다. 무수한 핑계들이 그 멀고 험한 등굣길을 피하는 이유가 되곤 했다. 등하굣길은 멀기도 했지만 바쁘기도 했다. 오가는 길에 징거미 잡아먹고 더덕 캐먹고 개복숭아도 삶아 먹어야 했으니까. 가재는 수준이 좀 떨어진다. 진정 귀하고 고급진 음식은 징거미다. 개복숭아에는 나름 구슬픈(?) 사연이 있다. 보통 개복숭아가 어디 열리는지는 모두가 알았다. 말하자면 오픈된 먹잇감이었던 셈이다. 익을 때까지 기다리면 선수를 놓치게 되니 씨도 여물지 않은 상태에서 따 먹어야 했다. 여물지 않은 복숭아는 쓰고 독해 삶아 먹는 방식을 개발했다. 그러면 좀 먹을 만했다.

그렇게 자연 속에서, 자연과 별 구분도 되지 않는 몰골로, 한 마리 야생동물인 양 초등학교 시절을 보냈다. 아침이면 이슬에

젖어 축축 늘어진 나뭇가지 아래로 기어 다니곤 했다. 가을에는 천지가 노란색, 빨간색 단풍이었다. 새파란 단풍잎도 섞여 있었다. 놀라운 건 색에 흠이 하나도 없었다는 것. 쥐어짜면 노랑, 빨강, 파랑 물감이 주르륵 흘러내릴 것 같았다. 그 무엇에도 오염되지 않은 청정한 '순수'였다.

그 풍경들은 아직도 내 마음속 작은 다락방에 남아 있고 나는 그곳에서 가끔 위로를 받는다.

고향을 떠난 건 초등학교 졸업식 직후 1976년 2월 26일인가였다. 3년 앞서 성남으로 떠난 아버지를 따라 온 식구가 상경을 했다. 고향을 떠난 데는 에피소드가 하나 있다. 지통마을 그 오지에도 한때 도리짓고땡이 대대적으로 유행했다. 맞다, 20장의 동양화로 하는 그 놀이. 아버지도 마을주민과 어울리며 잠시 심취했고, 덕분에 그나마 있던 조그만 밭떼기마저 날려버렸다. 아버지의 상경에는 그런 배경이 있었다.

성남과 나의 인연은 그렇게 시작되었다.

별난
족속

둘째 형인 재영이 형은 어느 인터뷰에서 이렇게 말했다.

"경상도 사람들이 좀 무뚝뚝하잖아요. 우리 형제도 그랬어요. 나나 재선이는 물론이고 재명이보다 밑인 여동생이나 막내도 어머니에게 안기고 애교 부리고 그러질 못했어요. 그런데 재명이는 안 그랬어요. 재명이는 학교에 다녀오면 꼭 엄마, 하고 달려와서 살갑게 안겼죠. 그러니 어머니가 재명이를 아주 애틋하게 여겼어요."

"엄마~!"

학교에서 돌아오면 나는 언제나 엄마를 먼저 찾았다. 멀리 밭에서 김매던 엄마는 나의 호명을 접하면 호미를 쥔 채 일어나

기다렸다. 그다음 내가 할 일은 총알처럼 달려가 엄마 품에 꽂히는 것. 엄마 품은 푸근했고 좋은 냄새가 났다.

"도서실에서 재밌는 책 빌려왔어."

엄마 앞에서 나는 한없이 텐션이 높고 수다스러운 아이였다.

내가 독하게 일만 잘한다는 평이 많다는 걸 안다. 하지만 그건 내 일부이지 전부는 아니다. 누구나 그렇듯 외부에 드러나는 면모와는 다른 면이 내게도 있다. 사실 나는 살갑고 애교 많고 장난기도 많은 명랑한 성격의 소유자다. 믿기 어렵겠지만 그러하다. 그러하다고 주장하겠다. 또 앞으로 이야기를 통해 증명해 보일 생각이다. 다시 재영이 형이 덧붙인다.

"어머니와 재명이가 너무 살가워서 나머지 형제들은 우린 같은 자식 아닌가 싶어 섭섭해했죠."

손가락 중에서도 유독 사랑을 많이 받으려 드는 손가락이 있다. '배타적 사랑 독점권'이라고 하면 그렇고 어쨌든 성장하는데 좀 더 많은 사랑을 필요로 하는, 그래서 사랑받기 위해 최선의 노력을 다하는 그런 '별난 족속'이 있는데 내가 딱 그 부류다.

평생 가장 열심히 하고 배워야 할 것 중 하나가 '사랑'이라 생각한다. 사랑은 경험이고 노력이며, 또 배우는 것, '학습'이다. 사랑은 표현한 만큼 자란다. 나는 환갑 가까운 나이지만 남들이 믿기 어려워할 만큼 아내와 장난치고 수다 떨며 논다. 내가 이렇게 살아오고 살 수 있는 것도 결국 엄마에게 넘치는 사랑을 받은 덕분일 거다.

아버지는 내가 검정고시 공부하고 있으면 전기 아깝다고 불을 끄고 버스비 아깝다고 시험 성적 확인하러 수원 가는 것도 막았다. 그래서 너무나 원망스러웠지만 내게 그런 가족사만 있는 건 아니다.

경제적 어려움이 감히 사람의 사랑을 훼방 놓는 일은 없어야 한다. 가난해서 불우한 가족, 가난해서 사랑을 포기하는 청년은 없어야 하는 것이다.

그런 세상을 만드는 데 보탬이 되는 것이 내 꿈이다. 이상적인가?

하지만 그래야 마땅하지 않겠는가.

뺨
스물일곱 대

아버지가 성남으로 떠난 뒤, 어머니 혼자 우리 남매들을 키웠다.

어머니는 화전을 일구거나 남의 밭일을 해주고 좁쌀과 보리쌀을 받아왔다. 그 보리쌀도 자주 부족해 겨를 얻어다 겨떡을 쪄먹었다. 겨는 보리의 껍질이다. 보리개떡이라 불렸던 겨떡은 아무리 잘 씹어도 삼킬 때 날카로운 보리껍질이 목구멍을 찌른다. '개떡 같다'는 말의 '개'를 멍멍이가 아니라 '겨'라고 생각하게 된 이유다. 먹기 힘든 음식이었지만 나는 맛있는 표정으로 열심히 씹어 삼켰다. 엄마 표정을 슬쩍슬쩍 살피면서. 목구멍 따갑다고 투정 부리는 남동생 여동생에게는 흘겨보는 것으로 눈치를 줬다.

크레파스나 도화지 같은 준비물을 학교에 챙겨간 적이 없다. 무슨 강조기간도 많아 그때마다 리본을 사서 달아야 했는데 그

것도 못 챙겼다. 또 봄가을이면 논밭에서 벼나 보리 이삭을 한 되씩 주워 오라 했다. 아무리 열심히 주워도 쭉정이 한 홉 채우기조차 버거웠다. 아이들은 집에서 한 됫박씩 퍼오곤 했는데, 나는 몸으로 때웠다. 학교의 요구나 지시를 상습적으로 어긴 나는 매를 맞거나 왕따를 당하거나 화장실 청소로 대속했다. 엄마에게 그런 얘기를 한 적은 없다.

아이들이 산과 들로 특활을 나가면 크레파스도, 도화지도 없는 나는 홀로 교실에 남아 있곤 했다. 적막한 교실엔 햇살만 푸졌고, 그 사이로 쓸쓸함, 외로움, 약간의 슬픔 같은 감정이 먼지처럼 부유했다.

'인싸'에 낄 수 없는 '아싸', 주류가 아닌 비주류. 내 비주류의 역사는 생각보다 뿌리가 깊다.

'새벽종이 울렸네 새 아침이…….'

한번은 새마을운동으로 마을 길가에 코스모스를 심는 환경미화작업을 했다. 나는 엄마를 도와 땔감을 해오고 밭일을 하느라 작업을 제대로 하지 못했다. 그런데 그게 딱 걸렸다. 선생님에게 내 사정은 통하지 않았다. 손바닥이 내 머리통을 향해 날아왔다. 선생님의 손이 퍽퍽 얼굴에 감기는데 정신이 아득했다. 미화작업을 제대로 하지 않았다는 것만이 이유는 아니었을 것이다. 맞아야 하는 이유를 이해하지 못했던 나는 맞으면서도 선생님을 똑바로 바라보았다. 고개를 숙이지 않았다. 그래서 더 많이 맞았을 것이다. 그날 내가 맞은 따귀는 스물일곱 대였다. 친구가 세어줘서 알았다. 먼 친척인 친구는 그 장면을 오래 기억했다. 나보다 더…….

내 초등학교 성적표 행동란에 이런 게 적혀 있다. 칭찬하는 말 뒤에 달라붙은 한마디.

'동무들과 사귐이 좋고 매사 의욕이 있으나 덤비는 성질이 있음'

덤비는 성질이 있음. 그게 무슨 뜻이었을까? 무엇에 덤빈다는 뜻이었을까? 무턱대고 도전한다는 의미로 해석하고 싶다.

가난 때문에 더 빨리 자랐고 더 빨리 세상을 알게 됐다. 가난이 죄가 아닐진대 가난하다고 겪어야 했던 부당함이 있었다. 어린 마음에도 부당한 일을 당하면 예민하게 반응했던 듯하다. 부당함에 대한 민감도가 남달랐다고나 할까. 그렇지 않고서는 살아남을 수 없었을지도…….

덤벼야 지킬 수 있는 것들이 있었다.

엄마가 믿고 싶었던
점바치의 힘

고된 노동에 아홉이나 되는 아이들을 낳아 일곱이나 키웠기 때문이었을까? 어릴 적, 어머니가 내 생일을 잊어버린 적이 있다. 뭐 그럴 수도 있다고 생각한다. 애들 밥 굶기지 않는 게 중요하지 생일이라고 뭘 대단하게 챙겨줄 수도 없었으니······. 음력 22일인가, 23일인가 헷갈리던 어머니는 고민 끝에 점바치(점쟁이)를 찾아 생일을 물어봤다.

그 일을 두고 다 커서는 이렇게 엄마와 농을 주고받곤 했다.

"엄마, 너무하네. 귀한 아들 생일도 잊어버리고······."

"이자뿐 게 아이라니까."

"그럼 점바치에게 왜 물어봐요?"

"확인차 한번 물어본 거라."

"아는 걸 확인하는데 그 귀한 겉보리를 한 되씩이나 갖다 바치시나요?"

어쨌든 겉보리 한 되에 우주의 기운을 모은 점쟁이는 내 생일을 23일로 확정했다. 문제는 이 점술가께서 내 생일을 정하며 팔자도 간명하게 정리했다는 것.

"얘 잘 키우면 나중에 호강한다."

서비스로 했을 그 뜬금없는 말에 어머니는 반색했다. 그 얘기는 어머니가 평생을 간직한 나에 대한 남다른 기대와 믿음의 가장 큰 원천이었다.

여기에 보태 먼 친척 되는 어르신 한 분도 나를 볼 때마다 이렇게 말했다.

"이놈, 귓불 자알 생겼다. 봐라, 성냥개비가 두 개나 들어간다. 크게 될 놈일세. 크게 되것어!"

엄마는 점바치와 어르신의 말을 믿었다. 아니 한 올 희망조차 갖기 어려운 현실 속에서 반복해 새기고 되뇌는 것으로 그 말을 신앙으로, 진실로 만들어갔다.

"니는 잘된다 캤다, 아이가……."

엄마가 하는 그 말은 어느새 불가사의한 힘이 되어 내게도 세상이 던져준 유일한 '자기확신' 같은 것이 되었다. 상황논리로는 불가능한 도전을 내가 끊임없이 시도하는 의지와 용기의 원천이었다.

후에 성남시장이 되었을 때 시장실을 방문한 아이들마다 꿈이 무엇인지를 묻고 꼭 꿈을 이루라며 일일이 적어주곤 했다. 아이들에게 내 글이 확신에 찬 도전의 근거가 되길 기원하면서……. 신난 표정으로 그 한 장의 종이를 가슴팍에 품고 돌아가던 아이들의 모습이 눈에 선하다.

간절함은, 확고한 믿음은 꽤 힘이 세다.

상정하기 쉽지 않은 길을 걸어 여기까지 올 수 있었던 것도 막연하지만 나는 잘될 거란 믿음에 기반한 어쩌면 무모했을 도전 덕이다. 그리고 사실 그 믿음에 진정한 힘을 부여한 것은 점바치가 아니라 엄마다. 프레스에 손상당한 성장판 때문에 내 팔이 조금씩 휘어갈 때도 내 팔을 쓰다듬으며 스스로를 위로하기 위해 한 엄마의 점바치 얘기는 오히려 내게 위안이었다.

엄마는 혹여나 내 일상에 불운이 깃들 조짐이 보이면 점바치 말을 반복하는 것으로 불운 따위를 원천봉쇄하려 했다. 남매 중에서도 가장 어린 나이에 공장생활을 시작했고 가장 많이 다친

넷째아들을 보며, 이 아이에겐 잘될 일만 남았을 거라는 믿음과 기대의 힘은 그 무엇보다도 강했다. 그런데 이제 보니 그건 그냥 엄마의 힘이었다.

삼계초 5학년은
싹 다 수학여행 간다

초등학교 때, 험한 선생님만 있었던 것은 아니다. 5학년 담임 선생님과 교장선생님은 내게 특별한 경험을 하게 해주신 고마운 분들이다.

"모두 가는 수학여행인데 재명이가 빠지면 되겠습니까? 아니, 우리 교장선생님께서 그렇게 방침을 세우셨다니까요. 삼계초등학교 5학년은 싹 다 수학여행을 간다, 이렇게요!"

산골짜기 화전민 소개집까지 쫓아온 선생님은 그렇게 열변을 토하셨다. 수학여행비는 어떻게든 해결해보겠다는 말도 덧붙이셨다. 남의 신세 지지 않으려 안간힘을 쓰며 살아온 어머니는 슬프고 복잡한 표정으로 수학여행 참가동의서에 동그라미를 쳤다. 돌아가는 선생님의 뒷모습은 못내 존경스럽고 아름다웠다. 하지만 선생님을 바래다주며 나는 고개를 들지 못했다. 화전민 소개집을 선생님께 보인 것이 부끄러웠다. 소개집은 강제로 이주당한 화전민들을 위해 시멘트블록으로 지은 방 두 칸짜리 허술한 집이었다.

교장선생님이 모든 학생은 수학여행을 간다는 방침만 세운 건 아니었다. 가난한 집 아이들 사정을 살펴 스스로 수학여행비를 벌게 해주셨다. 나와 비슷한 처지의 다른 아이 둘을 하천가 개간한 돌밭에서 돌을 고르거나 고사리손으로 보리 베는 일을 따내 품삯을 받아 저축하게 해주셨다. 품삯도 어른들 임금의 절반에 가까운 큰돈이었다. 학교 매점을 학생들이 직접 운영하게 하고 가난한 아이들 몫의 수익금을 수학여행비로 저축했다.

지금 생각하면 시대를 앞서가신 선생님들이시다. 집안 사정이 여의치 않는 아이들의 자존감을 건드리지 않고 스스로 성취하게 해주셨던 셈이다. 깊은 배려와 세심한 사랑 없이는 가능하지 않은 일이었다.

그래서 우리 5학년은 가난 때문에 빠지는 학생 없이 모두가 생전 처음 경주로 수학여행을 갔다. 거기서 여름에도 얼음이 있다는 걸 10원짜리 아이스크림을 사 먹으며 처음 알았다. 생선 뼈째 갈아 만든 진짜 어묵의 맛도……

　내 유년의 환상 같은 한 장면도 교장선생님이 만들어주셨다. 머리를 묶은 여성 교장선생님이 한번은 한겨울에 전교생 모두를 학교 앞 논바닥으로 나오라 하셨다. 멀리서 군용 헬리콥터 한 대가 날아왔는데, 놀랍게도 그 거대하고 신비한 비행물체가 우리 눈앞에 내려앉는 것이었다. 우리의 돌팔매질 대상이던 그 육중한 쇳덩어리를 가까이 보는 것만으로도 감격이었는데, 교장선생님이 조종사와 얘길 나누더니 손을 흔들어 아이들을 불렀다.

　"만져봐라! 이걸 타면 세상 어디라도 갈 수 있단다."

　교장선생님의 그 말은 마법처럼 나를 사로잡았고 나는 제일 먼저 다가가 헬리콥터의 차가운 동체를 만져보았다. 가슴이 저릿하고 온몸이 붕 떠올랐다. 아이들의 지문이 묻은 헬리콥터는 순식간에 하늘로 날아올라 사라져버렸지만 나에게 미지의 광대한 세계에 대한 꿈을 만들어주었다.

　가난하든 그렇지 않든 모든 아이들이 수학여행을 가는 것, 그

간결하고도 아름다운 기준. 아마도 내가 주장하는 보편적 복지는 그 최초의 경험에서 싹을 틔웠을지도 모르겠다. 학생들이 매점을 운영하고 그 수익을 수학여행비로 나누어 가진 일은 협동조합과 보편기본소득에 대한 최초의 경험이었다.

삶은 가끔씩 예상을 벗어나 경이로울 때가 있다. 내 안에 사랑 넘치는 그 선생님들이 계시다.

열세 살, 목걸이 공장,
열두 시간의 노동

　초등학교를 졸업한 직후, 3년 전 앞서 성남으로 올라간 아버지를 따라 나머지 가족도 모두 상경했다. 1976년 2월이었다. 당시 성남은 서울의 빈민가와 판자촌 철거로 떠밀린 주민들이 모여 살던 도시였다. 우리 가족은 화전민의 소개집에서 성남 상대원동 꼭대기 월세집으로 옮겨갔다.

　이사할 때 내 손에 들린 짐은 책가방이 아니라 철제 군용 탄통이었다. 탄통 안에는 몽키스패너와 펜치, 니퍼 등이 들어 있었다. 자전거를 수리하기 위한 도구와 부품들이었다. 당시 나는 자전거 수리에는 도가 터 있었다. 자전거를 보면 지금도 가슴이 설렌다. 사람 힘만으로도 굴러가는 그 얇고 둥근 두 개의 바퀴라니……. 페달을 밟으면 세상이 내 안으로 흘러들어왔다.

내 출신성분은 공구로 가득했던 그날의 이삿짐만 보아도 분명했다. 시쳇말로 흙수저도 못 되는 무수저. 당시 중학교도 못 다닐 정도의 집은 흔치 않았지만 우리집 형편은 그랬다. 더 이상 학교 다닐 일은 없었다.

열세 살, 월세집 뒷골목 주택에서 목걸이를 만드는 가내공장에 취직했다. 연탄화덕을 두고 빙 둘러앉아 염산을 묻힌 목걸이 재료를 연탄불 위에서 끓는 납그릇에 담가 납땜하는 일이었다. 종일 연탄가스와 기화된 납증기를 마셔야 했다. 얼굴이 달아오르고 속옷이 흠뻑 젖었다. 늘 머리가 띵하고 어질어질했는데, 그때는 그것이 얼마나 치명적인 유해물질인지 알지 못했다. 월급은 3천 원. 쌀 한 가마니 값이 조금 안 됐다.

얼마 후엔 월급 만 원을 준다는 목걸이 공장으로 옮겼다. 상대원동 맞은편 창곡동으로 약 3~4킬로미터를 걸어 출퇴근 했다. 작업환경은 더 나빴다. 하지만 만 원이 어딘가! 아침 8시 30분에 출근해 밤 9시까지 하루 12시간을 일했다. 일이 밀리면 더 늦기도 했다. 퇴근길 9시 25분이면 전파사에서 흘러나오던 '내 마음은 호수요'로 시작하는 가곡이 지금도 귀에 들린다. 점심은 엄마가 싸준 도시락을 먹었고 집에 와서 늦은 저녁을 먹었다. 파김치가 되어 귀가하면 엄마가 밥상을 내왔다. 엄마는 밥

그릇에 얼굴을 묻고 허겁지겁 밥을 먹는 나를 말없이 바라보고 있었다.

힘들었던가? 나는 자기연민에 빠질 틈이 없었다. 시장통 공중화장실을 청소하고, 휴지를 팔고, 소변 10원, 대변 20원 이용료를 받던 어머니와 여동생이 더 아팠다. 맞다, 세상에서 나를 가장 사랑해주던 엄마는 그런 일을 했다. 엄마는 잠시도 자리를 비울 수 없어 끼니도 화장실 앞에서 때웠다. 집에서는 시멘트 포대를 털어 봉투를 접어 팔았다. 그런 엄마가 가여웠고 그런 엄마를 조금이라도 더 행복하게 해주고 싶어 안달했다.

열악하다는 말도 사치스럽던 공장, 장시간의 노동, 내 마음 아픈 구석이던 엄마와 동생들. 그 시절의 풍경과 그 구석구석의 냄새는 내 뼈에 새겨져 있다. 그런 건 세월이 흐른다고 지워지지 않는다.

잊히지 않는, 아니 기억하려 애쓰는 삶의 경험 때문에 가진 게 없는 이들에게 이 세상이 얼마나 가혹할 수 있는지 안다. 경제적 어려움으로 극단적 선택을 하는 수많은 누군가의 사연을 들으면 한없이 조급해지는 것도 그 때문일 것이다.

덜 가진 사람, 사회적 약자에게 우리 사회는 따뜻한 울타리가 되어주어야 한다. 그런 이들을 아끼고 보살피는 공동체여야, 우리가 사는 세상이 정글이나 '헬조선'이 아닌 행복한 보금자리일 수 있다.

지금 내가 하려고 하는 일, 하고 있는 일 모두 그 연장선에 있다. 그 일들은 선택의 문제가 아니어서 치열할 수밖에 없고 포기할 수도 없다.

가난하다고
사랑을 모르겠는가

가난하다고
사랑을 모르겠는가

석 달 치 밀린 월급을 받기로 한 날이었다. 달뜬 마음으로 평소처럼 4킬로미터를 걸어 창곡동 목걸이 공장으로 출근했다. 하지만 공장 문이 닫혀 있었다. 상황 파악은 오래 걸리지 않았다. 사장이 직원들 월급을 떼먹고 야반도주를 한 것이었다.

밤 9시가 넘어 퇴근하던 길을 벌건 대낮에 터덜터덜 걸어 돌아왔다. 하루 12시간, 90일치의 노동이 가뭇없이 사라져버렸다. 요즘처럼 신고해 도움받을 길도 없었다. 게다가 나는 열세 살, 취업연령 미달에 이름도 남의 이름을 빌려 다니던 중이었다.

"엄마!"

엄마는 집에서 부업으로 북어포를 찢고 있었다. 엄마를 보는 순간 갑자기 눈물이 솟구쳤다. 깊이를 알 수 없는 억울함이 몰

려왔다. 놀란 엄마가 뛰어나와 나를 안으며 토닥였지만 내 울음
은 오히려 더 커졌다. 이제 돌아보건대 아마도 엄마가 더 아프
고 억울하고 슬펐을 것이다.

　다시 동마고무라는 콘덴서용 고무부품 공장에 취업했다. 모
터로 회전하는 샌드페이퍼 연마기에 사출기로 찍어낸 고무기판
을 갈아내는 일이었다. 이른바 '빼빠' 치는 것이었다. 얼마 지나
지 않아 손바닥이 닳고 지문이 사라지더니 피가 흘러나왔다.
　야근은 밤 10시, 철야는 새벽 2시. 철야하는 날이면 통금시
간 때문에 새벽 4시까지 공장바닥에서 자다가 귀가했다. 통금
해제까지 잠이 안 오면 노래를 배우거나 얘기를 나누며 시간을
때웠다. 그때 강원도 출신 꼬마노동자(그는 놀랍게도 나보다도 나
이가 어렸는데 지금은 이름을 잊어버렸다)에게 배운 최초의 최신 유
행가가 하남석의 '밤에 떠난 여인'이다.

　하루는 연마기에 손가락이 말려들어갔다. 부실한 치료 덕에
내 왼쪽 중지 손톱에는 지금도 검은 고무가루가 남아 있다. 산
업재해로 치료받는 기간에는 월급의 70%를 준다는 법 같은 건
알지도 못했고, 회사에서도 그렇게 해줄 생각이 전혀 없었다.
　월급을 받기 위해 왼손에 깁스를 한 채로 공장에 나가서 남은
한 손으로 일했다. 한 손으로 일하는데도 월급을 다 준다는 것

이 오히려 고마웠다.

"재명아, 깁스 푼 다음에 나가라. 손이 남아나질 않겠다."

하지만 엄마는 나를 말리지 못했고 나와 출퇴근길을 동행하는 것으로 안타까움을 대신했다. 밤늦은 시간까지 공중화장실에서 일하다가 공장으로 데리러 왔고, 철야하는 날이면 새벽 4시에 데리러 왔다. 그건 가진 것도 없고 힘도 없는 엄마가 어린 아들에게 준 최고의 사랑이었다.

세상이 모두 잠든 새벽에 엄마와 둘이서 상대원동 비탈길을 오르면 숨도 차고 힘들었지만, 잡은 엄마 손을 발걸음에 맞춰 신명나게 흔들며 나는 행복했다. 엄마와 함께라면 길고 긴 하루의 고된 노동은 아무 문제가 아니었다. 엄마 손은 언제나 따뜻했다.

섣달 그믐날처럼 차가운 삶을 견디게 하는 것은 그런 온기다. 어느 시인의 말처럼, 가난하다고 해서 사랑을 모르겠는가.

아버지와의 전쟁,
그 시작

　공장으로 출근하는 길, 교복 입은 아이들을 보면 부러웠다. 교복 칼라는 아침햇살을 받아 하얗게 빛났고 아이들의 가방 속에는 내가 알지 못하는 세상이 담겨 있었다. 나와는 다른 세상을 살아가는 아이들이었다. 나는 잿빛 작업복 차림이었다. 수다를 떨며 활기차게 등교하는 학생들을 거슬러 공장으로 가는 길은 힘들었다. 가급적 그들과 마주치지 않는 골목길을 찾아다녔다.

　하루는 공장에 교복 입고 출퇴근하는 아이를 발견했다. 뭐지? 시선을 뗄 수 없었다. 알아보니 고등공민학교에 다니는 학생이었다. 내 안에서 뭔가 '반짝' 빛났다.
　"아버지, 저도 야간학교에 들어갈래요."

집에 돌아와 아버지에게 말했다. 희망 같은 걸 언뜻 본 듯한 흥분이 나를 감싸고 있었다. 나는 아버지의 입만 바라보았다.

"야간학교는 정규학교가 아니어서 3년 다니고 다시 검정고시 봐야 한다."

아버지는 승낙하지 않았다. 돈벌이로 공장이나 다니게 하려고 공부를 막는다고 나는 단정했다.

아버지와의 길고 깊은 갈등의 시작이었다. 이때부터 대학에 들어갈 때까지 나는 오직 '공부하기 위해' 아버지와 싸워야 했다.

아버지는 중퇴긴 하지만 대구에서 고학으로 대학공부도 했던 사람이었다. 교사나 순경도 했었지만 외아들이라 부모님을 모시려고 고향으로 돌아올 만큼 효자였다. 대신 농사일은 하나도 할 줄 몰랐다. 그러던 아버지가 성남으로 상경한 뒤로는 완전히 바뀌어 수전노가 되어 있었다. 악착같이 일하고 지독하게 모았다. 집에는 돈 버는 사람만 있고 쓰는 사람은 없었다.

아버지는 어떤 계기로 그렇게 변했을까? 재영이 형은 인터뷰에서 이렇게 말했다.

"아버지는 안동양반 출신이에요. 젊은 시절엔 자기보다 다른 사람을 먼저 생각하고 도리를 다한다는 식의 선공후사 같은 도덕의식이 있었어요. 동네일은 공짜로 다 해주면서 곧이곧대로 살던 사람이었죠. 자기가 가진 지식과 돈, 시간을 다 남을 위해 썼던 거예요.

그런데 그 결과가 뭐였냐? 성남에 와서 아버지는 체면과 명분, 공부, 이딴 거 아무 소용없다, 거지를 면하려면 악착같이 돈을 모아야 한다, 그렇게 결심한 것 같아요."

아버지에게도 아버지의 사연이 있었을 것이다. 자신의 맘 같지 않은 세상에 상처받은 후로, 원래의 자신을 부정하며 살았는지도……. 어쩌면 아버지는 평생 화가 나 있었던 건지도 모른다. 하지만 열네 살 아들이 공장에 다니며 야간학교에 가겠다는 걸 막는 아버지를 이해할 수 없었다. 권위적인 아버지를 둔 세상의 모든 자식들이 그렇듯 내게도 아버지는 언젠가 넘어야 할 산이었다.

야간학교에 가지 말라는 말을 들은 날, 나는 이불을 뒤집어쓰고 오래 울었다.

내 몸,
백 개의 흉터

빙과류 판매용 냉장고를 만드는 아주냉동으로 공장을 옮겨 철판을 접고 자르는 일을 맡았다. 거대한 샤링기에 철판을 올리고 페달을 밟으면 순식간에 단두대 같은 날이 떨어지며 두꺼운 철판도 가위 속 종이처럼 가볍게 잘렸다. 동마고무에서 매일 아들의 손바닥에서 핏자국을 봐야 했던 엄마의 조바심 때문에 공장을 옮긴 것이었는데, 오히려 더 위험한 곳으로 간 셈이었다.

아주냉동에서는 출근하면 군복 입은 관리자가 군기 잡는다고 줄을 세워놓고 소위 '줄빳따'를 때렸다. 줄줄이 엎드려뻗쳐를 한 채로 엉덩이를 맞았다. 불량이 많이 난 날에도 빳따를 맞았다. 퇴근할 때는 군기를 유지한다며 공장 문을 나서기 전 또 때렸다. 인권 같은 건 책에나 있는 얘기였다.

"어!"

어느 날 옆에서 절단 작업을 하던 고참의 목소리에 고개를 돌렸다. 고참의 시선이 가닿은 곳에 무언가 떨어져 있었다. 꿈틀거렸던 것으로 기억에 남아 있다. 사고를 당한 고참이 "어어." 하더니 히죽 웃으며 그것을 얼른 집어 들었다. 그는 이미 두 번의 손가락 사고를 당했던 사람이었다. 고참은 봉지에 손가락을 담고 작업장을 뛰쳐나가면서 그제야 비명을 질렀다. 나는 완전히 얼어붙은 채로 그 광경을 처음부터 끝까지 다 보았다. 히죽, 웃던 고참의 얼굴이 눈앞에서 기괴하게 일그러졌다.

"샤링기는 날이 예리해서 사고가 나도 첨엔 잘 몰라. 그냥 차갑고 서늘하지. 손을 들어보고야 아는 거야."

누군가 내 귀에 소곤거렸다. 그날 밤 나는 긴 악몽을 꾸었다.

공장 문은 출근과 동시에 굳게 닫혔다. 퇴근 때까지 점심시간이라도 공장 밖으로 나갈 수 없었다. 공장 문을 확 밀고 나가 앞산에 흐드러지게 핀 진달래를 실컷 따 먹고 싶었지만 그건 불가능한 소망이었다. 그곳에서 의지할 것이라곤 나와 같은 처지의 소년공들뿐이었다. 초등학교도 제대로 마치지 못한 채 시골에서 올라와 산업역군이란 거창한 이름의 공돌이가 된 아이들.

언젠가부터 나는 엄마에게 도시락 하나를 더 싸달라고 했다.

자취를 하며 점심을 굶는 아이들과 나눠 먹기 위해서였다. 엄마는 흔쾌히 내 부탁을 들어주었다. 다른 소년공들도 각자 도시락을 꺼내 나눠 먹기 시작했다. 별것 없는 뻔한 반찬에 딱딱하게 식은 밥. 충분하지는 않았지만 나눠 먹는 그 시간만큼은 즐거웠다. 함께 나누는 것, 그 자체만으로도 행복할 수 있었다.

아주냉동에서도 함석판을 자르느라 수없이 찔리고 베였다. 그 후에도 끊임없이 눌리고, 떨어지고, 꺾이고, 소음과 유독약품에 노출되었다. 덕분에 내 몸에는 그 시절의 흔적이 남았다. 아마 백 개도 더 될 것이다.

내 몸의 흔적은 사라지지 않는다. 그건 지문처럼 남아 나의 처음이자 끝, 전부를 이룬다.

소년공이었던 아이들, 그 가난했던 아이들의 말간 슬픔이 여전히 내 안에서 찰랑거린다.

열다섯의
성공

위험한 일을 피해보자고 용접에 눈독을 들였다. 열심히 용접
공을 쫓아다니며 조수를 했지만 기술을 배울 기회는 돌아오지
않았다.

다행인지 아주냉동이 문을 닫았다. 아버지는 곧장 다른 일자
리를 구해왔다. 나는 또 새로운 공장으로 떠밀려갔다. 스키장갑
과 야구글러브를 만드는 대양실업이었다. '시다'를 벗어나기 위
해 열심히 프레스기를 익혔다. 샤링기 유경험자, 매서운 눈썰미
와 일머리 덕분에 나는 다른 소년공들보다 빨리 프레스기 한 대
를 차지하게 되었다.

무려 프레스공! '나름 성공한 열다섯이었다.'라고 쓰려다 만
다. 성공은커녕 고무기판 연마기에 손이 남아나질 않아 공장을

옮겼더니 더 위험한 샤링기를 만났고, 샤링기에서 떠나니 프레스기 앞에 앉아 있었다.

세상은 소년공의 안전에 아무 관심이 없었다.

대양실업에서는 사흘이 멀다 하고 권투경기가 열렸다. 권투가 인기 있던 시절이었다. 경기는 점심시간 공장창고에서 벌어졌다. 직원 단합이나 복지 차원의 경기는 아니었다. 선수는 신참 소년공들이었고, 선수 지명권은 반장과 고참들에게 있었다. 지명당한 소년공들은 무조건 글러브를 끼고 나가 싸워야 했다. 그리고 고참들은 자기들이 먹을 '부라보콘' 내기를 걸었다. 그리고 그 부라보콘 값은 권투 아닌 격투기에서 진 신참 소년공의 몫이었다.

하고 싶지도 않은 경기를 해야 하는 소년공은 경기에 지면 돈까지 내야 했다. 나도 지목당하면 꼼짝없이 경기에 나갔다. 한 달 용돈이 500원인데, 부라보콘은 100원이던가? 경기에서 지면 부라보콘 세 개 값인 하루 일당을 고스란히 빼앗겼다. 정말 '개떡' 같은 경기였다.

나는 그때 이미 왼팔을 제대로 쓸 수 없었다. 벼락같이 떨어지는 육중한 구형 프레스기가 왼쪽 손목을 내리치는 사고를 당한 것이었다. 조금만 더 늦게 팔을 뺐다면……. 손목이 부어올

랐지만 타박상이려니 하고 빨간약과 안티프라민 연고나 바르고 말았다. 손목뼈가 깨졌을 거란 생각은 하지 못했다.

하지만 부기가 가라앉은 뒤에도 통증은 가시지 않았고 프레스기 작업을 제대로 할 수 없을 만큼 아팠다. 내색하면 프레스공 지위를 잃는다는 생각에 아픈 걸 참고 숨기며 더 열심히 일했다. 그게 평생의 장애가 될지 그땐 몰랐다. 프레스기에서 밀려나지 않는 것만 중요했다.

권투를 배워본 적도 없는 소년공들은 친구의 얼굴을 향해 주먹을 날리거나 형편없이 맞아야 했다. 이기든 지든 우리는 투견장에 끌려 나간 강아지 같았다. 덩치가 작고 체력이 약하던 나는 경기를 빙자한 싸움에서 대부분 맞고 돈까지 뜯겼다.

맞는 것도, 때리는 것도 싫었다. 거기에 돈까지 뺏기면 기분이 정말 엉망이었다.

집으로 돌아가는 길, 나는 그저 공장을 옮기겠다는 말만 반복해 중얼거렸다.

중학과정
석 달 공부

공장에서 맞지 않고, 돈 뜯기지 않고, 점심시간에 자유롭게 공장 밖을 다닐 수 있는 사람이 있었다.

홍 대리!

눈이 튀어나와서 개구리눈이라 불리던 홍 대리. 그는 공장의 '왕'이었다. 반장도 홍 대리 앞에선 꼼짝 못 했다.

나는 홍 대리처럼 되고 싶었다. 홍 대리는 어떻게 대리가 되었는가? 중요한 화두였다. 슬쩍 사람들에게 물어보았다. 의외로 답은 단순했다. 고졸이었다. 아, 고졸! 나는 원대한 세 가지 목표를 세웠다. 일기장에 꾹꾹 눌러쓴 목표는 이러했다.

첫째, 남에게 쥐 터지지 않고 산다.

둘째, 돈을 벌어 가난에서 벗어난다.

셋째, 자유롭게 돌아다니며 산다.

공부하기로 마음먹었다. 아버지가 반대하는 야간학교 말고 다른 방법을 찾던 중 검정고시 학원이란 게 있다는 걸 알아냈다. 시험은 8월 초, 13주가량 남아 있었다. 아버지도 석 달 남짓 야간 검정고시학원에 다니는 것은 허락했다. 3년 공부를 석 달 안에 해보기로 했다. 터무니없고 무모한 도전이었지만 내가 출세한다던 점쟁이의 말도 있지 않은가? 거기다 귓불도 성공할 상이라 했는데……

퇴근하면 곧장 학원으로 달려갔다. 3킬로미터의 거리를 버스도 타지 못하고 뛰고 걷는 날이 많았다. 돌아올 때는 당연히 걸었다. 노트와 필기구를 사느라 용돈을 다 써버려 버스비가 거의 없었다. 버스비에 관한 억울한 기억도 있다. 당시 학생들은 할인을 받았지만 같은 또래의 소년공들은 일반요금을 내야 했다. 부당했다. 나중에 대입학원에 다닐 때는 그래서 머리를 박박 밀었다. 학생처럼 보여서 할인요금을 내기 위해서였다.

기진맥진해서 학원에 도착하면 찬물로 세수를 하고 수업에 들어갔다. 왜 그리 덥고 졸리는지…… 화장실 냄새는 왜 그리 독한지……. 죽을힘을 다해 공부했다. 피곤했지만 행복했다. 그렇게 할 수 있었던 건 처음으로 '칭찬'이란 걸 들어본 까닭이다. 공부를 잘한다는 선생님들의 칭찬은 누구에게도 받아보지 못한 인정이었다.

학원에서 심정운도 만났다. 그도 소년공이었고 수업이 끝나면 나처럼 남아서 쏟아지는 졸음을 참아가며 자습을 했다. 우리는 당연히 친해졌다. 친구 심정운은 그 시절의 나에 대해 이렇게 말한다.

"재명이는 암기력이 특출나서 선생님들에게 최고라는 칭찬을 들었어요. 재명이는 3개월 만에, 나는 4개월 만에 합격해보려고 죽자고 공부를 했지요. 재명이는 여름인데도 반소매를 입지 않았어요. 그때만 해도 팔을 다친 걸 남들에게 말하지 않았죠."

시험이 한 달 남았을 때, 공장을 다니며 공부해서는 도저히 합격하기 어려울 것 같아 아버지에게 한 달만 공부에 매진하게 해달라고 말했다. 돌아온 것은 공장이나 똑바로 다니라는 무뚝뚝한 말이었다. 그때 나선 것이 엄마였다.

"학원비도 지가 벌어 댕기는 아한테 그게 할 소리니껴? 남들은 다 학교 보내는데, 부모가 돼서 우리가 해준 게 뭐가 있니껴?"

여간해서는 아버지에게 맞서지 않는 엄마였다. 아버지가 주춤했다. 엄마는 그 자리에서 직권으로 내게 명령했다.

"공부해라! 내가 속곳을 팔아서라도 돈 대주꾸마."

결정적인 순간에는 아버지도 압도하는 '위대한 엄마'였다.

홍 대리 되기 VS 홍 대리 없는 세상 만들기

기적적으로 고입 검정고시에 합격했다! 시험준비를 시작할 때 나는 알파벳도 몰랐다. 다른 과목은 몰라도 석 달 만에 영어시험을 통과하는 것은 무리였는데, 아홉 과목 중 한 과목의 과락도 없이 합격했다.

원래 영어는 다음 시험 때 과목 합격을 노릴 요량이었다. 그런 내게 영어선생님이 비책을 가르쳐줬다. '4지선다형 문제에선 긴 답이나 3번 보기가 정답일 가능성이 높다'는 것. 덕분에 영어는 다 찍었음에도 45점이나 받았고 전과목 평균이 70점을 넘어 중졸자격을 얻었다. 확률의 과학을 벗어나는 이런 게 바로 기적이다!

엄마와 형제들이 축하해주었다. 아버지도 조금 뿌듯하게 여기는 듯했다. 하지만 내가 다시 단과 학원에 드나들자 아버지는 빨리 공장을 알아보라고 독촉했다. 취업에 미적거리고 있으니 아버지는 새벽 3시에 나를 깨워 쓰레기 청소에 데려갔다. 상대원 시장통과 동네를 오르내리며 쓰레기를 수거하고 폐지와 고물을 골라내야 했다. 아침에 등교하는 여학생과 마주치면 얼굴이 벌겋게 달아올랐다. 쓰레기를 치우지 않으려면 공장으로 돌아가는 수밖에 없었다.

　나는 애써 태연한 척 홍 대리의 왕국으로 돌아갔다. 중졸이 되었지만 달라진 것은 없었다. 대양실업은 여전했다. 권투경기도, 빳따도…….
　한번은 공장에서 소원수리를 받았다. 순진한 소년공 한 명이 빳따와 권투경기가 없어졌으면 좋겠다고 적어냈다. 다음날이 되자 홍 대리가 현장을 돌며 반장과 고참의 어깨를 툭툭 치고 지나갔다.
　"좀 잘하자아."
　홍 대리의 그 말은 서늘했다. 소원수리에는 공장을 칭송하는 말만 있어야 했다. 분위기 파악 못한 그 민주적인 건의가 이제 막 참사를 만들어낼 참이었다.
　홍 대리가 떠나자 폭행이 시작됐다. 작업불량, 복장불량, 청소불량. 고참과 반장들은 온갖 이유를 들어 빳따를 휘둘렀다. 쓰나미처럼 한 차례 매타작이 지나간 다음, 홍 대리가 다시 등장했다. 그는 우아한 자세로 아무것도 모른다는 듯 공장을 둘러보았다. 그의 얼굴에 만족스러운 표정이 떠올랐다. 그는 손 하나 까딱하지 않고 폭력을 사주하고 행하는 자였다.

얻어터진 소년공들은 어떤 녀석이 그런 쓸데없는 걸 적어냈는지 서로 의심하며 눈을 부라렸다. 나도 다짐했다. 홍 대리처럼 고졸이 되어 손도 대지 않고 군림하는 사람이 되어보겠다고……. 분노와 억울함은 내 안에 그런 지옥도 만들어냈다.

공장에서 맞는다는 얘기를 집엔 한 적이 없다. 나중엔 맞아서 갈비뼈에 금이 간 일도 있었다. 그때는 치료비 때문에 어쩔 수 없이 집에 알렸다. 재영이 형은 이렇게 말했다.

"그때까지 나는 재명이가 그렇게 공장에서 맞고 다녔는지 까맣게 몰랐어요. 난 걔보다 먼저 공장에 들어갔지만 나이가 있어서 그렇게 맞지 않았죠. 재명이가 집에는 한 번도 그런 얘기를 안 하니까 전혀 몰랐어요."

홍 대리가 되겠다는 다짐과 달리, 나는 서서히 직접 때리는 반장이나 고참보다 그걸 용납하고 사주하는 상급자의 위선이 더 나쁘다는 것을 깨달았다. 사장과 공장장, 아니 홍 대리라도 마음만 먹으면 폭력은 없어질 것이었다. 하지만 그런 일은 없었다.

그들은 폭력으로 유지되는 질서의 최대 수혜자였다.

그들은 겉과 속이 달랐고 말과 행동이 달랐다. 앞에서는 소년 공들을 때리지 말라고 했지만, 뒤에서는 더 많이 때리도록 부추겼다. 그들은 우아한 위선자들이었다. 약자에게 더 가혹했고 소년공을 사람 취급하지 않았다. 그건 너무 나빴다.

결국 나의 목표는 천천히 수정돼갔다. '홍 대리 되기'가 아니라, '홍 대리들이 없는 세상'이어야 했다.

시를 외우는
두 소년공

시를 외우는
두 소년공

대양실업이 문을 닫았다. 새로운 일자리를 찾아 낯선 공장을 기웃거려야 했다. 소년공을 괴롭히던 홍 대리와 반장들도 어깨를 떨어뜨리고 공장 문을 나섰다.

이번엔 제대로 된 공장에 들어가겠다는 다짐 덕분이었을까. 종업원이 2천 명이 넘는 오리엔트 공장에 들어가게 됐다. 성남공단에서 넘버3에 드는 공장이었다. 거기엔 예상치 못한 행운도 기다리고 있었다. 고입 검정고시 학원을 함께 다녔던 친구 심정운을 만난 것이다. 말할 수 없이 기뻤다.

그날부터 우리는 단짝이 되어 붙어 다녔다. 시들해졌던 공부 욕심도 살아났다. 고졸이 되어도 공장의 관리자가 될 수 없다는 걸 깨달은 우리는 열심히 공부해서 대학에 가자고 맹세했다. 그래서 이 지긋지긋한 공장에서 벗어나자고……. 아주 멀리 반짝이는 별처럼 아득한 꿈이었지만 정운이와 함께라면 할 수 있을 것 같았다.

우리는 나란히 학원에 등록했다. 하지만 공부하려는 소년공들에게 야박하기는 오리엔트도 마찬가지였다. 쉬는 시간에 공장에서 책을 보고 있으면 반장은 물론 동료들도 대놓고 싫어하며 구박했다.

"공돌이 주제에 맞게 놀아! 꿈 깨라고, 이 자식아!"

그들은 내가 공장에서의 삶을 부정하는 것이라 느꼈을지도 모른다. 감히 이곳이 아닌 저곳을 희망하는 사람에 대한 질투 같은 것이었으리라. 하지만 꿈꾸는 게 죄가 될 수는 없었다. 나는 수시로 뒤통수를 후려치는 이들을 피해 혼자 작업하는 도금실로 옮겼다. 그곳에서 물량을 최대한 빨리 빼놓고 공부할 시간을 벌었다. 나는 물량 빼는 속도가 최고였고 불량률도 낮았다.

내가 삶에서 얻은 '유일한' 특혜가 있다면 공부머리를 물려받았다는 것이다. 공장 다니며 석 달 만에 중학과정 검정고시를 패스한 것도 그렇고……. 물론 죽을 만큼 노력하기도 했다.

재영이 형은 초등학생 때 내가 병아리 키우는 것을 보며 이미 그런 싹수를 보았던 모양이다. 나는 기온에 따라 병아리 집에 땔 장작의 개수를 정했고, 먹이를 얼마나 줬는지, 병아리마다 상태가 어떤지 밤낮으로 살피고 기록까지 했다. 형은 이렇게 말한다.

"병아리를 사주고 갔는데 완벽하게 키웠어요. 재명이가 막 일을 벌이고 저지르는 것 같지만 절대 그렇지 않아요. 뭐든지 할 때는 철저히 준비하고 빈틈없이 진행하죠. 같은 실수를 되풀이하지 않고, 옳지 않고, 안 될 것 같으면 아예 안 하는 성격이에요. 제가 동생들 데리고 20년을 한방에서 살아봐서 잘 알아요."

공장에서 퇴근하는 길이면 정운이와 나는 공부 삼아 교과서에 나온 시를 외우곤 했다.

죽는 날까지 하늘을 우러러 한 점 부끄럼이 없기를…….

윤동주 시인의 그 고백은 맑고 깨끗해 보였다.

정운이와 나는 공장을 다니면서도 대학 입학을 꿈꿀 수 있었다. 노력하면 더 나은 삶을 살 수 있을 거라는 신념이 가능한 시절이었다.

성일학원,
김창구 원장님

　공장에서 무급으로 연장근무를 하느라 학원에 가지 못하면 정운이와 나는 속이 탔다. 결국 조퇴를 해가며 학원에 가야 했다. 공장을 다니며 공부를 하는 것도 어려웠지만 그보다 번번이 나를 절망에 빠뜨린 것은 아버지였다.

　학원에 다녀와 밤늦게 공부를 하면 아버지는 불빛이 너무 밝다고 타박했다. 또 한 번은 학원을 쉬었다고 학원비를 덜 내라고 호통을 치기도 했다. 아버지는 전기세와 학원비를 너무나 아까워했다. 그러면 서럽고 원망스러워 눈물이 찍 고이곤 했다.

　그런 아버지가 학비를 대며 대학에 보내줄 리 없었다. 또 검정고시로는 고졸이어도 홍 대리가 될 수 없을 것이었다. 아버지에게 더는 학원비를 달라 하고 싶지 않았다. 지친 나는 결국 두 달 다닌 단과학원을 그만두기로 마음먹었다.

그만둔다고 하자 원장님이 불러 이유를 물었다. 성일학원 김창구 원장님이었다.

"돈이 없습니다."

원장님이 물끄러미 나를 바라보았다.

"그래? 그럼 돈 내지 말고 다녀."

"왜요?"

"너 공부하고 싶잖아."

나는 천천히 고개를 끄덕였다.

"그럼 공부해야지."

공부하고 싶으니 공부하라는 말. 단순한 논리였다. 김창구 원장님이 덧붙였다.

"재명이 넌 공부해야 될 놈이야. 넌 달라."

나는 가만히 앉아 그 말을 모조리 빨아들였다. 캄캄한 골방에 한 줄기 빛이 비치는 듯했다.

김창구 원장님은 왜 나를 응원하는가? 가족도 친구도 아닌데 나를 믿어주고 응원해주는 사람이 있다는 것, 신기했다. 세상으로부터 건너온 호의는 처음이어서 낯설었다.

성일학원에서 무료로 공부하는 가난한 학생이 여럿이라는 건 나중에 알았다. 한없이 감사한 일이었다. 내게 공부를 해야 할 이유가 하나 더 생겨나고 있었다.

이후로 슬프고 힘들 때 김창구 선생님을 떠올리면 마음이 편해지고 자신감이 생겼다. 명문대에 입학하면 과외교사를 해 스스로 벌어 다닐 수 있다며 길을 안내해준 이도 김창구 선생님이었다. 후에 사법고시 합격하고 찾아뵀을 때 선생님이 눈물을 흘리며 나를 안아주셨다. 그 눈물이 잊히질 않는다.

　보잘것없는 소년공을 귀히 여기고 아껴주셨던 김창구 선생님. 지금도 가끔씩, 이 세상에 안 계신 그분이 무척 그립다.

심정운과
절교하기

어느 날 정운이와 자취하는 친구에게서 정운이가 담배를 피운다는 얘기를 들었다. 고입 검정고시 학원에서 만나 절친이 되고, 오리엔트 시계공장을 다니며 같이 대학에 들어가자는 다짐을 했던, 나의 작은 스승 같았던 그 정운이가……. 또 노는 데도가 텄다는 소문으로 유명한 소년공과 어울리며 술까지 마신다는 얘기도 들었다.

충격적이었다. 배신감, 분노, 상실감 같은 것들이 뒤범벅이돼 몰려왔다.

그날 자취방에서 정운이를 기다렸다. 밤늦게 돌아온 정운이를 세워놓고 나는 정색을 하고 물었다.

"담배 피우고 술 마시고 다닌다는 게 정말이야?"

정운이는 대답이 없었다. 사실이란 뜻이었다. 나는 말없이 정운이를 노려보았다.

"널 믿었는데…… 너랑은 이제 절교다."

공장과 집에서 온갖 구박을 받으면서도 꿋꿋하게 공부를 할 수 있었던 건 정운이가 있었기 때문이었다. 둘이었기에 가능한 일이었다. 세상의 반쪽을 잃어버린 것 같은 상실감에 가슴이 아렸다.

술과 담배라니……. 가난하다고 해서, 소년공으로 살아야 한다고 해서 망가질 권리는 없었다. 아무도 응원하지 않는 생이라고 지레 포기할 수는 없지 않는가. 집으로 돌아오는 길, 골목의 가로등 불빛이 쓸쓸했다.

그날 이후로 나는 정운이의 방에 가지 않았다. 외롭고 힘들면 찾아가던 유일한 도피처였다. 친구들이 가자고 해도 가지 않았다. 그것은 정운이에 대한 내 무언의 압박이었다. 그때의 일기장에는 이렇게 적혀 있다.

그건 정운이에 대한 나의 멸시, 아니지, 의지를 보여주기 위한 것이다.

어떤 작가는 사랑은 무조건 주는 게 아니라고 했다. '사랑은 지각 있게 주는 것이고, 마찬가지로 지각 있게 주지 않는 것이다. 상대방을 평안하게 해주는 것과 더불어 지각 있게 논쟁하고, 투쟁하고, 맞서고, 몰아대고, 밀고, 당기는 것이다.'

정운이에 대한 내 마음이 깊지 않았다면 그런 일탈쯤 별것 아닌 듯 봐주었을지도 모른다. 하지만 내겐 같이 꿈꾸고 함께 노력했던 정운이가 더없이 소중했다. 절교는 내 사랑의 방식이었다. 술과 담배는 해로운 것이었고 나는 정운이를 원래의 밝고 성실한 아이로 돌아오게 할 의무가 있었다.

미리 말하자면 내 목적은 달성됐다. 정운이는 다시 공부로 돌아왔고, 우리는 영화의 주인공들처럼 중앙대학교 법대와 공대에 나란히 합격했다. 대학시절 최초의 여행도 정운이와 함께했다.

정운이는 그 당시의 나에 대해 이렇게 전했다.

"재명이는 내가 술 먹고 담배 피우는 걸 아주 심각하게 받아들였어요. 사실 소년공들은 보통 술, 담배 대수롭지 않게 여기거든요. 어려서부터 공장 다니면서 형들한테 일찍 배우죠. 그런데 재명이는 내가 술, 담배 못하게 하려고 굉장히 애썼어요. 너그렇게 하면 어떻게 공부해서 대학 가겠냐구요."

그러고는 안 해도 될 말까지 덧붙인다.

"그랬던 녀석이 대학 가더니 나보다 술, 담배를 더하더라구
요. 배신감 느꼈죠(웃음)."

홀로 끙끙 앓던 밤들

악착같이 공부하겠다는 마음으로 도금실에서 락카실로 옮겼다. 락카실은 이중으로 밀폐된 구역이어서 방해를 덜 받았다. 나는 최고 속도로 작업 물량을 끝내놓고 남은 시간에 공부했다. 그 시간이 내겐 유일한 도피처였다.

그런데 몸이 자꾸 말썽을 부렸다. 두통이 잦아졌고 코가 헐기 시작했다. 락카실은 독성물질이 배출되지 않아 화공약품 냄새가 지독했다. 결국 나는 그곳에서 후각의 반 이상을 잃었다. 좋아하는 복숭아 냄새를 맡을 수 없게 됐다.

프레스기에 치인 손목도 통증이 심해지고 있었다. 한 해 키가 15센티나 컸는데, 두 개의 손목뼈 중 성장판이 파손된 바깥뼈만 자라지 못하고 있었다. 팔이 눈에 보일 정도로 뒤틀리면서 밤새 끙끙 앓는 날이 많았다.

몸까지 아프니 이러다간 시험을 망치겠다 싶어서 공장을 그만두려 했다. 하지만 공장에선 불량률 낮은 숙련공을 순순히 보내주지 않았다. 결국 시험 한 달 전에 그만둘 수 있었다.

4월에 대입 검정고시를 봤다. 결과 발표는 한 달 뒤였고 대입 시험은 7개월 남아 있었다. 7개월 공부해 대학에 붙어야 하는 상황. 마음이 급했다. 빨리 대입학원에 다니고 싶었지만 아버지는 검정고시 결과를 보고 가라고 했다.

공장을 알아봤지만 마땅한 곳이 없었다. 손목을 치료하려고 의료보험이 되는 공장도 찾아봤지만 그런 공장은 없었다.

집에서 미적거리고 있으니 아버지는 새벽 3시에 나를 깨워 함께 쓰레기를 치우러 가게 했다. 새벽부터 아침까지는 리어카를 밀며 쓰레기를 치우고, 오후에는 빈 병과 깡통을 골라 고물상으로 팔러 가야 했다.

검정고시 발표가 났다. 합격이었다. 내겐 뿌듯한 성취였지만 아버지는 학원에 다니지 않아도 되는 야간 전문대학을 가라고 했다. 그럴듯한 대학에 들어가 공장을 벗어나려는 내 발버둥이 아버지의 눈엔 가당치 않은 도전으로 보였나 보다. 그날 일기장엔 이렇게 적혀 있다.

아버지에게 학원 보내달라고 해도 직장 안 나간다고 안 보내주고 미칠 노릇이다. 괜히 주먹으로 벽도 쳐보고 머리로 막 받았다. 산다는 사실이 귀찮아진다. - 1980. 5. 16.

아버지는 자신이 할 일이란 악착같이 돈을 모아 번듯한 집 한 채를 마련하는 것이라 생각했던 것 같다. 결국 가족을 위한 일이었고 종일 일하는 아버지가 이해가 되지 않는 것은 아니었다. 하지만 그때의 나는 아들을 응원해줄, 든든한 지원군이 절실히 필요했다.

아버지가 쓰레기 잔뜩 담긴 리어카를 끌 때 뒤에서 밀던 사람은 나였다. 하지만 아버지는 앞만 보고 힘겨운 발걸음을 내딛어 갔다.

'싸움닭'과
'무던이'

나는 잘될 거라는 자기확신이 있었다. 잘될 것이니 도전하지 못할 일이 없었다. 반드시 정규대학에 가겠다는 생각으로 학원에 보내달라고 아버지에게 말했다.

내 기세가 평소와 다르다 느꼈는지 아버지는 그달 안에 다시 취업한다는 조건으로 학원에 다니는 것을 허락했다. 하지만 학원에 다니는 와중에도 새벽마다 일어나 쓰레기는 치워야 했다.

취업에 미적거리고 있었더니 아버지는 새로운 제안을 했다. 아예 밤낮으로 자기와 일하면 어떻겠느냐는 것이었다. 종일 쓰레기를 치우라고? 나는 화들짝 놀라 발등에 불붙은 사람처럼 서둘러 일자리를 알아보았다. 그때 어느 하루의 일기엔 이렇게 적혀 있다.

학원 갔다 와서 공부 좀 하려 했더니 아버지가 쓰레기 치우러 나오라고 한다. 신경질이 났다. 신발을 확 집어 던졌다. 아버지가 그 모양을 보더니 한참 나를 노려보았다. - 1980. 5. 29.

부당한 일을 당하면 나는 전투력이 강해진다. 아버지의 그런 압력이 나를 더 치열하게 만들었는지도 모르겠다. 재영이 형은 나에 대해 이렇게 말했다.

"재명이는 기가 잘 죽지 않는 애였어요. 어려서부터 우리 형제 중에 아버지한테 말대꾸한 건 재명이뿐이에요. 우린 아버지가 말씀하시면 무조건 따랐는데 재명이는 자기 할 말 다 했어요. 그러다 맞기도 했지만 자기가 옳다고 여기면 맞으면서도 끝까지 물러서지 않았죠."

나는 부당한 것을 참는 성격이 아니다. 그런데 재영이 형은 같은 인터뷰에서 이렇게도 말했다.

"재명이가 좀처럼 기죽지 않고 고집이 세기도 했지만 언제나 밝아서 주변의 사랑은 가장 많이 받고 자랐어요. 어릴 때 별명이 '무던이'였다니까요."

둘 다 나에 대한 이야기다. 맞아도 고집을 꺾지 않는 것도 나였고, 별명이 무던이였던 것도 나였다. 삶은 매우 복합적이다.

아버지에 대한 내 감정도 양가적이었다. 비 오는 어느 새벽, 아버지와 쓰레기를 치우는데 급기야 일을 못 할 정도로 빗줄기가 굵어졌다. 우리는 시장통 처마 밑에 쪼그리고 앉았다. 비가 잦아들기를 기다리며 꼬박꼬박 조는 내 모습을 본 아버지가 가게 좌판에 누워 눈 좀 붙이라고 했다.

새벽에 누가 깨웠다. 엄마였다. 흠뻑 젖은 작업복을 입고 오들오들 떨며 자고 있는 내 모습을 보고 엄마는 말없이 눈물을 쏟았다. 그때 아버지는 희뿌연 여명 속에서 비를 맞으며 혼자 쓰레기를 치우고 있었다.

"재명이 댈꼬 드감더."

엄마가 소리쳤다. 아버지가 천천히 돌아보더니 들어가라고 손짓했다. 아버지의 그 모습이 문득 아렸다.

생각하면 아픈 것들 투성이.

그래도 아버지, 그래서 아버지였다.

유서를
쓰다

유서를
쓰다

손목 통증으로 밤새 끙끙 앓는 날이 많았다. 하지만 치료받을 길은 요원했고 치워야 할 쓰레기는 끝도 없이 나왔다. 밤새 쓰레기를 치우고 오면 나는 젖은 박스처럼 구겨져 잠이 들었다.

어느 날 잠결에 엄마와 아버지가 하는 얘기가 들렸다.
"재맹이가 저러다 평생 빙신이 되머 우야니껴?"
"돈 벌어서 수술하머 될끼라."
"집 살라꼬 모다논 돈으로 아 수술부터 시키야 되잖겠니껴?"
엄마의 말에 의식이 또렷해졌다.
"그 돈은 아무도 손 못 대."

엄마와 아버지의 말이 머릿속에서 수없이 재생됐다. 한창 예민한 열일곱 살이었다. 가난은 아득해 보였고 한 팔을 못 쓰는 사람이 되어서도 살아갈 수 있을지 자신이 없었다. 온갖 절망적인 생각이 나를 삼키고 있었다. 눈물이 베개를 적셨다.

마침내 나는 모든 것을 포기하기로 했다. 대학입시도, 팔을 고치는 일도 부질없어 보였다. 열심히 살아 교복도 한 번 입어보고 성공한 모습도 보여주고 싶었지만 불가능한 꿈이란 생각이 들었다. 엄마에게 얼마간의 돈을 달라고 했다. 수면제와 연탄을 사야 했다. 이상하다는 느낌을 받았을까? 엄마는 돈을 주면서 버릇처럼 입에 달고 살던 말을 다시 반복했다.

"재맹아, 마음 단디 먹어야 된데이. 니는 크게 될 거라고 그랬제?"

엄마의 말이 아프게 가슴을 찔렀다.

다락에 연탄불을 피우고 수면제를 먹었다. 잠은 쉬 오지 않았다. 세상과의 영원한 작별이었다. 슬프기도 했지만 홀가분하기도 했다.

얼마가 지났을까? 나는 멀쩡하게 눈을 뜨고 다시 깨어났다. 연탄불은 꺼져 있었고 정신은 말짱했다. 공장 친구들은 그 정도면 죽는다고 했는데……. 수면제가 부족했던 모양이었다. 다시 기회를 보기로 했다.

그즈음 오리엔트 공장에서 사람을 뽑았다. 아버지가 원서를 내라고 했다. 어차피 죽기로 한 마당이니 못 할 것도 없었다. 취업이 안 될까 걱정됐던 아버지는 빽을 쓰기로 한 모양인지 오리엔트 수위장에게 3천 원을 갖다 바쳤다. 돈이 아까웠지만 그렇다고 아버지에게 내일 죽어버릴 거란 말을 할 수는 없었다.

다시 약국에 들렀다. 또 수면제를 달라고 하면 이상하게 여길 듯해 이번에는 동생 핑계를 대고 수면제 20알을 샀다. 약사가 잔소리가 많았지만 귀에 들어오지 않았다.

유서를 썼다. 엄마에게 미안했다. 하지만 달리 방법이 없어 보였다. 너무 지쳤다고 말하고 싶었다. 눈물 때문에 글씨가 잘 보이지 않았다.

다시 연탄불을 붙이고 꾸역꾸역 수면제를 삼켰다.

약사의
잔소리

수면제를 20알이나 먹었지만 정신이 말똥말똥했다. 무슨 문제가 있는 것일까? 두 번이나 그러니 이상했다.

그때 별안간 다락방 문이 열렸다. 매형이었다. 매형은 연탄불을 보고는 상황을 금방 눈치챘다.

"처남, 오늘 오리엔트 면접날인데 왜 이렇게 누워 있어?"

매형은 짐짓 연탄가스가 가득 찬 다락방 상황을 모른 체했다. 그러고는 공장까지 따라오며 괜한 우스개를 늘어놓았다.

오리엔트에 도착하니 면접 볼 시간이 훨씬 지났는데도 수위장이 사무실로 들어가게 해주었다. 아버지가 수위장에게 건넨 3천 원이 효능을 발휘하는 모양이었다. 머뭇거리고 있는데 문득 매형이 내 굽은 팔을 어루만졌다.

"내가 처남 팔 고쳐줄게. 걱정하지 마."

누나네는 우리 집보다 더 가난했다. 과일행상을 하는 매형에게 그럴 돈은 없었다. 그래도 그렇게 말해주는 매형이 눈물겹게 고마웠다. 자꾸 눈물이 나려 했다. 그즈음 나는 툭하면 눈물이 났다.

오리엔트에 결국 합격했다. 그건 대학 진학의 완전한 포기를 의미했다. 돌아보지도 않을 생각이었던 오리엔트에 나는 고개를 숙이고 다시 들어갔다. 삶은 호락호락하지 않았다.

수면제를 먹었는데도 왜 잠들지 않았을까? 나는 이윽고 약사에게 속았음을 깨달았다. 그렇지 않고서야 20알씩이나 먹고서도 멀쩡하게 면접을 보러 갈 수는 없었다. 웬 어린놈이 수면제를 달라 하니 상황을 짐작한 약사는 소화제 같은 것을 잔뜩 줬던 것이다.

동네약국의 그 약사를 생각한다. 약사는 폭풍 잔소리를 해댔지만 어쩌면 속으로는 이렇게 말하고 싶었을지도 모르겠다.

'얘야. 서럽고 억울하고 앞날이 캄캄해 죽을 만큼 힘들어도 삶이란 견디면 또 살아지고, 살다 보면 그때 죽고 싶었던 마음을 웃어넘길 수 있을 만큼 편안하고 좋은 날도 올 거란다. 그러니 힘을 내렴.'

결국 우리를 살게 하는 건 서로를 향한, 사소해 보이는 관심과 연대인지도 모른다.

약사는 처음 보는 나를, 세상 슬픔은 다 짊어진 듯한 표정으로 생을 끝장내려고 하는 소년을 모른 척하지 않았다. 팔을 고쳐주겠다던 내 가난했던 매형의 말도 진심이었을 것이다.

누구도 홧김에 스스로 죽음을 선택하지는 않는다.

극단적인 선택을 하는 사람이 단 한 명도 없는 세상이 불가능하지만은 않을 것이다. 생이 벼랑 끝에 몰릴 때 듬직하게 기댈 수 있는 사회이길 희망한다.

어떻게 엇나가지 않았느냐는
질문에 관하여

    누군가 묻는다. 신기하다고. 가난했고, 초등학교 졸업하자마자 공장에 다녔고, 자주 두들겨 맞았고, 팔도 다치고 후각도 잃었으며, 심지어 공부도 못 하게 하던 아버지가 있었는데 어떻게 엇나가지 않았느냐고.

    흔히 소년공들이 그랬던 것과 달리 나는 술과 담배도 하지 않았다. 공장 회식 때도 술을 마시지 않았다. 가출을 한 적도 없고 비행을 저지른 적도 없다. 월급을 받아 빼돌린 적도 거의 없이 아버지에게 고스란히 가져다주었다.

    어떻게 일탈하지 않았느냐는 질문은 낯설다. 스스로에게 한 번도 그런 질문을 해본 적이 없다. 대답을 하려 들면 생각은 결국 강이 바다로 흘러가듯 엄마에게 맨 먼저 달려간다. 넘치게 사랑해주던 엄마가 있었으니 일탈 같은 선택지는 아예 존재하지 않았다. 어린 마음에도 엄마를 기쁘게 해주는 일이 가장 우선이었다.

열다섯 살 때 한 번은 한 달 월급을 고스란히 약장수에게 바친 일이 있다. 점심시간에 공장 마당에서 차력을 선보이는 약장수에게 홀딱 넘어간 것이다. 만병통치약이라는데 엄마의 증상과 딱 맞아떨어졌다. 이 좋은 약을 돈이 아까워 엄마에게 안 사준다면 평생 후회할 것 같았다.

그렇게 약을 사서 보무도 당당하게 귀가했다. 나는 그 일로그렇게 혼쭐이 날 줄 몰랐다. 한 달 월급을 몽땅 바쳤으니 아버지가 화가 날 만도 했다. 그 길로 이틀을 집에도 못 들어가고우리집과 뒷집 담벼락 사이에서 잤다.

공장에 다니면서 돈을 탐낸 적도 없다. 검정고시 준비할 때용돈만으로는 책과 학용품을 살 수 없어 월급에서 몇천 원, 오리엔트 퇴직금에서 얼마, 그렇게 한두 번 삥땅을 쳤을 뿐이다. 용돈으론 학원 갈 버스비도 부족했다. 공부를 포기하고 다시 오리엔트 공장에 들어갔을 땐 다시 월급을 고스란히 아버지에게건넸다. 공부에 쓸 게 아니라면 내게 돈은 의미가 없었다.

그즈음 하루는 엄마가 말했다. 그동안 내가 엄마에게 맡긴 돈이 5만 원이라고. 그 와중에도 용돈을 아껴 엄마에게 맡기곤 했던 것이다.

5만 원은 한 달 월급에 이르는 큰돈이었다. 고민됐다. 평소에 카메라가 갖고 싶긴 했다. 찰나의 순간을 사로잡아 오래도록 기억하게 해주는 마법 같은 도구.

하지만 대입을 포기했으니 출세해서 엄마 호강시켜드리겠다는 결심도 물거품이 된 상황이었다. 엄마에게 금가락지를 해주자는 생각이 들었다. 물론 카메라를 포기하자니 아까운 생각도 들었다. 일기장에는 그때의 번민이 고스란히 기록돼 있다.

아까워? 에이, 도둑놈아! 은혜도 모르니? - 1980. 8. 30

나는 결국 엄마의 손에 가느다란 금가락지를 끼워드렸다. 엄마는 처음에 엉뚱한 데 돈을 썼다고 펄쩍 뛰었지만 어느 날 이렇게 말했다.

"재맹아, 내는 이 가락지 끼고 있으먼 세상에 부럽은 것도, 무섭은 것도 없데이."

엄마는 슬프고 힘든 일이 있으면 손가락의 금가락지를 매만졌다. 그런 엄마를 보면 마음이 짠했다. 그리고 돈이 어떻게 쓰일 때 가장 빛나는지 알 것 같았다.

어떻게 엇나가지 않았느냐는 질문에 뭐라고 대답해야 할까. 모르겠다. 일탈조차도 사치였던 삶이라고 할까…….

누구나 사는 게 너무 힘들어 잠시 엇나가더라도 멀리 가지는 마시라. 어딘가는 반드시 그대가 돌아오기를 기다리는 사람이 있을 것이다.

대학,
길이 열리다

공부에서 길을 잃은 나는 평범한 소년공으로 돌아갔다. 공장에서 책을 보는 일도 없었다. 집에 돌아와 TV를 보며 놀고 있는데, 술을 한잔 걸친 재영 형이 불쑥 한마디 던졌다.

"나처럼 평생 공돌이로 썩으려면 공부하지 마라, 임마."

형의 말이 아프게 나를 찔렀다. 누구보다 대학에 가고 싶은 나였지만 방법이 없었다. 전두환 국가보위비상대책위원회는 과외금지령을 내렸다. 과외로 학비를 벌어야 대학을 다닐 수 있는 가난한 형편의 학생들은 길이 막힌 셈이었다.

목표도 없이 공장이나 다니는 내 모습이 동생들에게 어떻게 비칠까 싶기도 했다. 동생들은 저녁 시간이면 화장실을 지키는 엄마와 교대를 서주곤 했다. 창피할 텐데도 불평이 없었다.

막막해진 나는 성일학원 김창구 원장님을 찾아갔다. 검정고시를 준비할 때 무료로 학원을 다니게 해주었던 그분이 타이르 듯 일러줬다. 본고사를 폐지하고 사지선다형인 학력고사만으로 시험을 보게 된 것은 재명이 같은 검정고시 출신에겐 절대적으로 유리하다고 했다. 또 학비 문제에 대해서도 덧붙였다.

"조금 있어봐라. 군바리들이 국민들의 인심을 얻으려고 뭔가 화끈한 대책을 내놓을 거야."

원장님의 말에 작은 희망이 생겼다. 나는 동생들에게 보여주기 위해서라도 다시 공부를 하기로 했다. 대학 등록금을 마련하든 못하든, 가만히 앉아 기다릴 수만은 없었다.

그런 의지 때문이었을까?

1981년, 과외금지령에 대한 원성이 빗발치자 국보위가 보완책으로 사립대학에 특별장학금 제도를 도입하라고 지시했다. 공부는 잘하는데 가정형편이 어려워 대학 진학이 어려운 학생들에게 등록금을 전액 면제해주고 생활보조금까지 지급하는 파격적인 장학제도가 만들어진 것이다.

물론 그 대신 국보위는 모든 대학의 입학정원을 대폭 늘려줬다. 대학 입장에서는 정원이 늘면서 생겨나는 등록금 수입이 장학금을 상쇄하고도 남을 수준이어서 '남는 장사'였다.

나는 당장 대입학원에 등록했다. 아버지도 공장을 계속 다니는 조건으로 학원 등록에 동의해주었다. 월급에서 2만 원만 집에 가져다주고 나머지는 학원비와 책값으로 사용해도 좋다는 허락까지 받았다.

주어진 시간은 8개월이었다. 3년 공부를 8개월에 해야 했고 장학금을 받으려면 260점은 받아야 했다. 등수로 따지자면 수험생의 약 0.5% 이내였다. 쉬운 일은 아니었다.

하지만 중요한 것은 나에게도 길이 열렸다는 것이다. 가슴이 뛰었다.

한밤의
전력질주

대학에 들어가기 위한 치열한 시간이 시작됐다.

공장에서 퇴근하면 바로 학원으로 달려갔다. 저녁 7시부터 3시간 수업을 듣고 오가는 버스에서 영어 단어를 외웠다. 버스에서 졸다가 종점까지 간 게 한두 번이 아니다. 그러면 통금시간에 걸리지 않으려고 독서실까지 전력질주했다.

공부방이 없던 나는 독서실에서 통금이 해제되는 새벽 4시까지 공부하고 집으로 와 3시간쯤 눈을 붙였다.

공장에서 학원으로, 학원에서 독서실로, 그리고 집에서 다시 공장으로……. 시간과 싸우고 졸음과 전투를 벌이는 매일매일이었다.

갈 길이 까마득한데 설상가상으로 공장에서 맞아서 갈비뼈가 부러지는 일이 생겼다. 아파서 견딜 수가 없었다. 의사는 가만히 누워 통원치료를 해야 한다고 했지만 그럴 시간도, 돈도 없었다. 결국 치료비 때문에 어쩔 수 없이 재영 형에게 맞은 사실을 말했다. 그때까지도 형을 비롯한 가족들은 내가 공장에서 맞는다는 걸 모르고 있었다.

형은 펄쩍 뛰며 공장으로 찾아가 동생 때린 놈을 가만두지 않겠다고 으름장을 놓았다. 형 덕분에 사과는 물론 치료비까지 받았다. 의사도 폭행으로 인한 상해는 의료보험이 안 되는 것을 사고로 해서 보험처리 해주겠다고 했다. 고마운 일이었다.

그렇게 갈비뼈가 부러진 채로 출근도 하고 학원에 가며 밤새 공부했다.

절박함이 있었다. 죽으려 했으나 죽지도 못하고 팔은 불구가 됐으니 해볼 수 있는 건 공부밖에 없었다. 여기서 물러서면 내일을 기대하기 어려웠다. 죽느냐 사느냐의 문제였다.

하지만 학원을 두 달 다니고 또 그만둬야 했다. 아버지는 알다가도 모를 사람이었다. 집부터 마련해야 한다고 학원에 나가지 못하게 했다. 월급의 일부를 집에 가져다주는데도 그랬다. 부러진 갈비뼈도 막지 못한 학원행을 돈이 가로막았다. 이번만큼은 나도 물러설 생각이 없었다.

"이제부터 제가 번 돈은 제 공부에 쓸 거예요!"

그것은 선언이었다. 공장을 벗어나겠다는 선언이자, 당장의 집 말고 미래에 투자하겠다는 선언. 그것은 합당해 보였다. 그렇게 나는 월급을 모으기 시작했다.

다시 학원에 복귀한 것은 두 달 뒤, 3개월 월급을 모아 가능했다.

남은 시간은 이제 4개월. 공장 다니면서 밤에 공부를 해서 장학금 받을 성적을 낸다는 건 불가능하다는 판단이 섰다. 나는 비장한 각오로 오리엔트를 그만두었다. 그리고 야간반이 아닌 주간반에 등록했다.

4개월 동안 원 없이 공부했다. 친구 심정운도 마음을 다잡고 함께 공부했다. 우리는 같은 독서실에서 서로를 깨워가며 밤을 새웠다.

독서실까지 전력질주하던 그 밤을 생각한다. 달려가야 할 곳이 있어서 좋았다.

소년공,
법대생 되다

독서실에서 여름엔 모기와 싸우고 가을에는 오들오들 떨면서 공부했다. 담요가 있으면 나도 모르게 덮고 잠들어서 담요도 도로 집에 가져다 놓았다.

책상에 볼펜을 곧추세워놓고 공부하다 졸면 이마가 찔리게 했다. 나중에는 가슴 닿는 부분에 압정도 붙여놓았다. 그때 많이 찔렸다. 처음 찔릴 때는 정신이 번쩍 들었는데 나중엔 찔린 채로 자고 있기도 했다. 덕분에 참고서 곳곳에 핏자국이 남았다. 말 그대로 혈투였다.

나와 함께 공부했던 친구 심정운이는 이렇게 말한다.

"재명이는 한 번 한다고 하면 그렇게 지독하게 하는 친구였어요. 하여튼 집중력과 끈기는 천하무적이었죠."

학원에서 점심과 저녁에 양은도시락의 식은 밥을 먹었는데 나중엔 도시락도 한 개로 줄였다. 배가 부르면 졸렸기 때문이다.

그런 내가 애처로웠던 엄마는 밥을 꽉꽉 눌러 도시락을 싸주곤 했다. 그 시절 엄마가 준 차비로 학원에 가고 엄마가 싸준 도시락을 먹으며 공부했다. 행복했다. 그렇게 여한 없이 공부해 보기는 처음이었다.

마침내 대입 학력고사, 1981년 11월 24일이 밝았다. 대입준비를 시작할 때 내 모의고사 성적은 전국 30만 등 밖이었다. 그렇게 시작해 8개월 공부 끝에 마지막으로 본 모의고사에서는 2천 등 안에 드는 성적을 올렸다. 장학금을 받으려면 최상위권에 들어야 했다.

결과가 나왔다. 문제가 어렵다고 시끄러웠던 '불수능'이었는데 최상위권인 285점이었다. 장학금 대상 안에 들었다. 성공! 그 성적이면 우리나라에서 가지 못할 대학은 없었다.

어디를 지원할 것인가?

절대적인 기준은 장학금으로 학비를 충당할 수 있어야 한다는 것이었다. 중앙대 선호장학생 A급은 3학년까지 등록금 면제에 매월 20만 원씩의 특대장학금을 받을 수가 있었다. 커트라

인이 가장 높은 과가 의대와 법대였는데 의대는 추가비용을 내야 해서 애초에 제외했다.

그렇게 중앙대 법대생이 됐다. 특대장학금 20만 원은 내가 공장에서 받았던 월급의 세 배에 달했다.

내 입장에선 꿈 같은 일이었다. 어깨가 으쓱했다.

입학식이 보름 넘게 남았을 때 미리 교복도 맞추고 모자도 샀다. 대학교복을 입는 게 촌스러운 행동이라는 건 몰랐다. 뭐가 어떻든 평생에 교복 한 번 입어보는 것이 꿈이었으니까. 성남시장 시절 무상교복 정책은 그런 경험에 뿌리가 닿아 있다.

대학 입학식 날, 엄마와 찍은 사진이 남아 있다. 연한 살구빛 한복을 곱게 차려 입은 엄마와 대학교복 차림의 내가 중앙대 교정을 배경으로 나란히 서서 미소 짓고 있다. 엄마는 그날 이렇게 말했다.

"재맹아, 내는 인자 죽어도 한이 없데이. 니는 크게 될 끼라고 내가 그켔제?"

우리는 어둡고 긴 터널을 지나 환한 봄날 아래 서 있었다.

새로운 시작이었다.

약자들에게
힘이 되어보겠다

약자들에게
힘이 되어보겠다

아버지가 하루는 내가 받게 될 특대장학금에 대한 얘기를 꺼냈다. 재선이 형 대입 학원비를 자신이 댈 터이니 월 20만 원의 특대장학금을 맡기라는 것이었다.

이전에 재선 형은 나와 같이 대입 검정고시를 봤다. 중장비 정비자격증을 따고 부산 근처의 원자력발전소 건설현장에서 일하던 중에 응시했던 것이다.

재선 형은 공부하기가 나보다 더 열악한 상황이었다. 그때 형은 시험 보기 이틀 전 집에 와서 밥을 먹으면서도 공부했다. 이항정리와 포물선을 가르쳐준 것도 나였다. 이제 재선 형은 앞서 내가 그랬던 것처럼 학원에 다니며 대입을 준비할 참이었다.

특대장학금을 맡기라는 아버지의 말에 나는 펄쩍 뛰었다.

"싫어요. 집에서 어떻게 공부를 하고 학교를 다녀요? 장학금으로 서울에 방 얻어서 재선 형이랑 공부할 거예요. 재선 형 학원비도 제가 낼 거구요!"

나는 형이 8개월간 돈 걱정 없이 마음껏 공부할 수 있도록 확실하게 밀어줄 참이었다. 하지만 집 한 채 마련하는 일에 몰두하는 아버지를 생각하면 재선 형에게 학원비를 충분히 줄 것 같지 않았다.

내가 마지막으로 오리엔트 공장을 다니며 3개월 월급을 모아 학원비를 댔던 것처럼, 장학금으로 형의 미래에 투자할 생각이었다. 재선 형도 공부하면 잘될 거라는 확신이 내겐 있었다.

그렇게 버티자 아버지도 특대장학금 얘기는 더 이상 꺼내지 않았다.

특대장학생으로 법대에 들어갔다는 소문을 들은 친척과 이웃들은 내가 마치 판검사가 된 것처럼 받아들였다. 졸지에 사법고시 보는 것이 당연해지고 있었다. 법대 가면 사법고시를 보는 게 일반적이라는 것은 대학에 붙고 나서 알았다.

이제 어떻게 할 것인가?

매 맞는 노동자로 살기 싫어 시작한 공부였다. 이제 그런 일은 없을 것이었다. 하지만 문득 아직도 공장에 남아 있을 아이들이 떠올랐다. 내게 최초로 유행가를 가르쳐주었던 나보다 어렸던 소년공도……. 함께 새벽까지 일하고 공장바닥에서 유행가를 흥얼거릴 때 우리는 친구였다. 문득 그런 힘겨운 나날을 보내야 하는 사람이 더 이상 없었으면 하는 마음이 일었다.

그리하여 입학식을 앞둔 82년 2월의 어느 밤, 나는 일기장에 이렇게 적었다.

어차피 시작한 것, 사법고시에 합격하여 변호사로 개업하겠다. 그래서 약한 자를 돕겠다. 검은 그림자 속에서 고생하는 사람들에게 빛이 되어보겠다.

약자들에게 힘이 되어보겠다는 결심은 막연했지만 마음에 들었다.

'바이블'을 '비블'로
읽는 법대생

대학이 이상했다. 하루에 수업 한두 개가 전부였다. 대입 전까지 늘 시간이 없어 조바심치며 공부했는데 시간이 주체할 수 없이 남아돌았다.

대신 새로운 복병이 나타났다. 한자였다. 법학, 경제학, 행정학 전공서적은 온통 한자였다. 검정고시와 단 8개월 대입준비로 대학 들어온 자는 한자를 공부할 기회가 없었다.

옥편을 뒤져가며 끙끙거리고 있는데 아버지가 도와주겠다며 나섰다. 평생에 없던 진풍경. 아버지는 모르는 한자가 없었다. 낯설었다. 그런 아버지를 보고 있자니 마음이 슬쩍 아려왔다.

이후 나는 아예 옥편을 다 뜯어먹어 버릴 작정으로 한자를 공부했다.

복병은 또 있었다. 교련수업의 총검술과 제식훈련이었다. 고등학교 3년 동안 교련수업을 받은 동기들에 비하면 나는 형편 없었다. 제식훈련을 할 때마다 발이 틀렸다. 이런 나를 두고 법대 동기생 이영진은 이렇게 말했다.

"처음에는 왜 그렇게 교련을 못하는지 몰랐는데 검정고시 출신이라고 하더라구요. 재명이는 학교 다닌 애들이면 당연히 아는 걸 잘 몰랐어요. 근데 교련을 제일 못하면서 교련복은 혼자 입고 다녔죠(웃음)."

학교 다닌 애들과 다른 점은 또 있었다. 후에 사법고시 1차에서 영어 말하기 시험을 보면서 깨달은 것인데 내 영어에 심각한 문제가 있었다. 즉 문법은 잘했는데, 놀랍게도 아무도 내 영어 발음을 알아듣지 못하는 것이었다.

내게 '바이블'은 '비블'이었고, '아이언'은 '아이롱'이었다. 나라 이름은 '아일랜드', 섬을 뜻하는 단어는 '이질랜드'인 줄 알았다. 영어를 직접 들어본 적이 없어서 벌어진 참사였다. 버스와 화장실에서 독학한 영어의 최후. 교정이 필요했다.

미팅도 해보고 고고장도 가봤다. 하지만 대체로 시시했다. 교련복에 고무신 신고 다니는 이 누추한 청년에 관심을 보이는 여학생이 있을 리 없었다. 게다가 나는 20세 미만 대학생 70%가키스 경험이 있다는 통계를 보고 깊이 충격을 받는 청년이었다. 내게 이성은 머나먼 이국이었다.

한편, 특대장학금으로 서울에 방을 얻어 재선 형과 공부하겠다는 나의 의지는 실현되지 못했다. 아버지가 끝내 허락하지 않은 것이다. 나는 대신 아버지와 신사협정을 체결했다.

'선 보관, 후 지급'이었던 것을 '선 지급, 후 보관'으로, 제도 혁신을 단행한 것이다. 즉, 이전까지는 아버지에게 월급을 모두 맡기고 필요한 돈을 받았던 것을, 이제 장학금을 받으면 재선 형의 학원비와 우리의 책값과 용돈을 먼저 떼고 아버지에게 맡기기로 한 것이다. 아버지도 거기까진 합의해주었다.

선지급권을 확보하고 꿈에도 그리던 공부방은 포기해야 했다. 다음에 이사할 때는 집을 사서 가겠다던 아버지의 계획도 어그러져 우리는 다시 지하 단칸방으로 퇴각했다. 2백만 원 전셋집이 너무 허술해 겨울을 날 수 없었던 까닭이다.

지하 단칸방 시절의 어느 새벽, 여섯 식구들이 모두 잠든 방에서 법학개론을 펼쳤다. 책장을 넘길 때마다 식구들의 숨소리가 달라 붙었다. 나는 일기장에 빌었다.

지금 벌써 2시 30분이 넘었다. 엄마, 아버지, 형, 형, 동생, 동생의 숨소리가 들린다. 잠에 깊이 빠진 모습들. 이렇게 한방에서 고생하며 살지만 정만 있으면 되는 것 아니겠는가? 이렇게 살았기에 우리 형제는 우애가 있다고 생각한다. 비록 아버지와는 등지고 살아가는 듯하지만… 우리 가정에도 영원한 행복이 오기를… 1982. 3.31

광치령, 한계령,
소청봉과 비선대

대학 첫 학기는 대충 보낸 하루에 대한 자책과 내일부터는 공부에 매진하겠다는 다짐 사이에서 끝났다. 일곱 식구 복닥거리는 단칸방에서는 공부가 잘되지 않았고, 동기들보다 한 살 일찍 대학에 들어온 나는 사법고시도 3학년에야 볼 수 있었다. 졸업정원제에 반영하는 성적도 2학년부터 적용됐다. 문득 이것은 '1학년 때는 놀도록 하라'는 어떤 초자연적 명령이 아닐까 하며 합리화에 골몰했다.

결국 여름방학을 맞아 여행이란 걸 해보자 결정했다. 수학여행을 빼면 삶은 지금껏 단 한 번도 내게 여행의 기회를 주지 않았다. 친구 심정운에게 말하니 적극 반겼다. 우리는 교양과목 교재는 한 권만 사서 돌려보며 책값을 아꼈다. 그렇게 모은 돈을 몽땅 털어 강원도로 떠나기로 했다. 1만4천 원을 들여 낚싯대와 배낭, 싸구려 농구화, 모자를 샀다.

설렘으로 밤잠을 설치고 경춘선을 탔다. 춘천에서 정운이네 큰집에서 하룻밤 신세를 지고 소양강에서 양구행 배를 탔다. 푸른 물을 가르며 달리는 뱃머리에 서 있으니 너무 좋았다. 대학생이란 이런 것인가 싶었다. 물론 영화 〈타이타닉〉의 레오처럼 'I'm the king of the world!(나는 세상의 왕이다)'를 외치진 않았다. 그 배에서 자전거를 가지고 탄 학생 하나를 만났는데 뜻밖에 그도 중앙대 공대 1학년이었다. 자전거를 타고 제주도까지 갈 거라고 했다. 우리는 단박에 의기투합해 함께 여행하기로 했다.

양구에서 인제로 가기로 했다. 광치령을 넘어야 했는데 고개 기슭에 도착했을 때 이미 오후 6시가 넘어 있었다. 군인들이 걸어서 넘기엔 너무 늦었다며 말렸지만 세 청춘을 막진 못했다.

정상에 도착했을 땐 밤 10시가 넘었다. 지나온 길은 달빛 아래 아득했고 가야 할 길 위로는 밤안개가 밀려오고 있었다. 그렇게 밤새 광치령을 넘어서 여행은 외설악과 한계령, 소청봉과 비선대로 이어졌다. 소청봉과 비선대는 싸구려 농구화 때문에 물집이 잡혀 맨발로 올랐다.

여행은 삶의 가장 훌륭한 학교다. 오르막을 오르면 내리막이 기다리고, 내리막을 가면 다시 오르막이 있다는 걸 깨닫는 시간이다.

고개를 넘으면 새로운 세상이, 어쩌면 정상이 펼쳐질 거라는 '희망'에 다시 걸음을 옮기는 것이다.

희망은 우리를 견디게 하고, 비용을 요구하지 않아 만인에게 공평하다.

광치령을 밤새 걸어서 넘을 때 산이 구름에 가리지 않고 그 모든 골짜기를 드러냈다면 엄두가 나지 않았을지도 모른다.

혹자는 내가 두려움을 모른다는데 맞지 않는 얘기다.

나는 겁이 없는 게 아니라 여행을 통해 배웠을 뿐이다.

내려가면 반드시 올라가고, 또 골이 깊어야 산이 높다는 것을…….

이영진에게 전한
약속

    같은 과 친구 이영진이 하루는 좀 보자고 했다. 시국에 대해 몇 번 진지하게 토론했던 친구였다. 우리가 가장 크게 부딪힌 부분은 '광주'였다. 1980년에 일어난 일을 두고 이영진은 '광주학살'이라고 했고, 나는 '광주폭동'이라고 했다. 광주폭동이라는 생각은 언론보도를 그대로 받아들인 결과였다.

    그즈음 교내에서는 자주 시위가 있었다. 학생들은 난간에 매달려 혹은 여럿이 스크럼을 짜고 이렇게 외쳤다.

    "광주학살 원흉 전두환을 처단하고, 군부독재 타도하자!"

    시위를 하던 학생들은 곧장 사복형사들에게 붙들려 끌려갔다. 신입생인 나는 저런 학생들이 언론에서 말하는 의식화된 불순학생들인가 했을 뿐이다.

    나를 부른 이영진은 동아리방에서 광주학살 현장을 담은 비디오를 보여주었다. 비디오에는 군인들이 시민들을 잔인하게 학살하는 장면이 담겨 있었다. 충격적이었다. 일상복을 입은 시민들이었다. 무장하지도 않은, 내 주변에 있을 법한 평범한 사람들. 그런 시민을 무장한 계엄군이 잔인하게 죽이고 있었다. 소름이 돋았고 믿기지 않았다. 폭도는 광주시민이 아니라 군부독재 정권이었다. 내 안에서 의식의 껍데기가 깨져나가는 소리가 들렸다.

며칠 동안 영상이 눈앞에 아른거렸다. 내가 어떻게 전두환 정권에, 언론에 속았는지를 생각하면 창피하고 화가 났다. 분노가 지나간 뒤에는 고립된 채로 싸워야 했던 광주시민들에게 마음이 가닿았다. 가족과 친구, 이웃의 죽음을 목도해야 했던 슬픔이 떠올랐고, 죽음을 각오하고서도 포기할 수 없었던 용기와 신념을 생각했다.

마음이 무거웠다.

이윽고 이영진은 내게 불의한 정권에 맞서 싸우는 활동에 함께하지 않겠느냐고 물었다. 나는 문득 되물었다.

"넌 노동자들 한 달 월급이 얼만지 알아?"

시위하는 학생들이 '노동삼권 보장하라'고 구호를 외칠 때, 속으로 노동에 대해 뭘 안다고 '노동삼권' 운운하나 생각하던 나였다. 의외로 이영진은 제대로 된 대답을 했다. 알고 보니 그도 가난한 집안의 학생이었고 주변 친구들이 공장에 다니고 있었다. 나는 또 물었다.

"집안 형편이 그러면 데모하면 안 되지 않아?"

"죽은 사람도 많은데 뭐……."

이영진은 광주에서 죽은 사람들을 말하고 있었다.

"야, 넌 공부하고 운동 같은 건 부잣집 애들이 좀 하면 안 되냐?"

나는 대뜸 이렇게 말했다. 그리고 우리 사이로 긴 침묵이 흘렀다.

이윽고 내가 대답했다.

"지금은 어려워. 미안해. 하지만 사법고시 붙은 다음에 판검사 안 하고 변호사 돼서 그때 함께 할게. 어려운 사람들을 위해서 일할 거야. 이건 내 약속이야."

약자들에게 힘이 되겠다는 건 법대에 붙은 뒤 일기장에 써 내려간 결심이기도 했다.

이영진은 그때의 내 약속을 믿었을까?

내가 변호사 개업 1년 뒤부터 합류해 지금까지도 나와 함께하는 이영진은 이렇게 말했다.

"재명이는 명석한데다 공장노동자 출신이라는 소문이 돌아서 계속 주목했죠. 재명이의 대답을 듣고 정말 그럴까, 의구심이 아주 없지는 않았지만 저는 믿었어요. 재명이가 약속 안 지키는 친구들을 무척 경멸한다는 걸 알고 있었거든요. 안 할 거면 난 못 해, 난 안 해, 틀림없이 이렇게 얘기했을 친구니까요."

투석전만 참여하는
고시생

1984년 5월, 사법고시 1차 시험에 합격했다. 처음 응시한 것이었고, 만 스무 살의 봄날이었다.

대구에서 합격 소식을 들었다. 재선 형과 함께 자전거로 전국 일주에 나선 참이었다. 서해안과 남해안을 돌아 대구에 도착한 우리는 새카맣게 타 있었다. 대구에서 재선 형과 함께 축배를 들었다.

그해는 아버지에게도 봄이었다. 필생의 과업이던 집 장만에 성공한 것이다. 안도감 때문일까? 아버지는 돈 얘기를 덜 하는 대신 자주 웃었다. 사람이 바뀐다는 게 신기했다.

하지만 사법고시 1차 시험은 시작에 불과했다. 2차를 통과해야 한다는 부담감이 묵직하게 다가왔다. 2차는 1차 수석합격자도 통과를 자신하기 어려운 시험이었다.

2차 시험을 준비하기 위해 신림동에 있는 관악고시원에 들어갔다.

학교에선 수시로 시위가 벌어졌다. 군사독재 타도와 학원 민주화를 외치는 시위대열에는 친구 이영진과 박정추가 있었다. 이영진은 나를 운동권 동아리에 가입시키려 했던 친구였고, 박정추는 행정학과 학생회장을 하고 있는 동기였다.

나는 집회에는 참여하지 않았다. 감옥 갈 각오를 하고 싸우는 친구들 옆에서 고시공부만 하는 내가 구호를 외치는 건 양심이 허락하지 않았다. 대신 학생들이 집회 후 투석전에 나서면 그때는 나도 뛰어들었다. 뒤통수 바로 위에서 최루탄이 터져 최루가스를 하얗게 뒤집어쓰고 몇 주간 두피가 벗겨지기도 했다.

가을이 절정이던 10월의 어느 날이었다. 그날도 투석전이 벌어졌다. 집회가 있다는 통문을 듣고 학교에 갔던 나도 투석전이 시작되자 함께 돌을 던졌다.

시위가 끝나고 학교를 빠져나와 박정추와 막걸리를 마셨다. 잔을 사이에 두고 앉은 박정추도 특대장학금을 받는 수재였다. 지난봄까지만 해도 열심히 행정고시를 준비하던 그는 학도호국단을 없애고 총학생회를 만들 때까지만 공부를 미뤄두겠다고 했다.

그날 취하도록 마시고 고시원으로 돌아왔다.

"밤에 고시원 앞에 나와 있는데, 누가 잔뜩 취해서 가방을 발로 툭툭 차면서 올라오는 거예요. 별놈이 다 있다 싶어 보니까, 재명이였어요. 너무 안 됐더라구요. 어린 나이에 공부하는 게 얼마나 힘들면 저러겠나 싶어 짠했죠. 그 모습이 오래 눈에 밟혔어요."

그날 고시원을 걸어 올라가던 내 모습을 본 선배 최원준의 말이다. 그는 내가 신림동 고시원 세 곳을 따라다니며 함께 공부한 선배다.

선배는 공부가 얼마나 힘들면 저러겠나 싶었다지만, 그날의 내 모습은 그 때문이 아니었다. 당장은 운동에, 시위에 뛰어들 수 있는 이영진과 박정추 앞에 부끄러웠다. 동기들에게 빚을 지고 있다는 마음을 지울 수 없었다. 변명을 하자면 그때도, 지금도 나는 지극한 실용주의자이며 현실주의자이다. 저 멀리 보이는 대의보다 공장을 다니는 여동생의 아픔이 더 가까웠는지도 모른다. 동기들에 대한 부채감을 없애는 방법은 약속을 지키는 것이었다. 변호사가 되어 약자들과 함께하겠다는 약속.

박정추와 술을 마시던 그 밤, 마음은 소주보다 쓰렸다.

정신 차려라,
재명아

　사법고시 2차 시험 날짜가 다가오고 있었다. 가족, 친척, 교수님들까지 내가 2차에 합격할 것으로 믿었다. 2차에서 떨어지면 내년에 다시 1차부터 준비해야 하는데, 내년부터는 돈 나올 곳이 없었다. 게다가 사법고시 합격해서 어려운 사람들과 함께 하겠다던 친구들과의 약속도 있으니 처절한 마음가짐으로 매진해야 했다. 그런 다짐은 당시 일기장에 수시로 등장한다.

　- 지금부터 전쟁이다. 처절히 싸우겠다.
　- 공부란 의식 없는 황소처럼 아둔하게 하는 것이다.
　- 한번 떨어져 볼래? 정신 차려라, 재명아.

　마음을 다잡고 공부한 끝에 85년 7월 2차 시험을 봤다. 잘

본 것 같았다. 걱정했던 민법도 무난하게 답을 썼다.

시험이 끝난 후 다시 자전거를 타고 전국일주에 나섰다. 이번엔 혼자였고 동해안을 타고 내려가 남해와 서해를 돌았다. 집에 돌아온 건 18일 후였다. 매일 쉬지 않고 달린 덕분이었다.

이윽고 합격자 발표가 났다. 놀랍게도 명단에 내 이름이 없었다. 믿을 수 없었다. 종합점수는 합격점을 훨씬 넘는 상위권이었지만 상법이 39.66점으로 과락 기준인 40점에서 0.34점 부족했다. 3인의 채점관 중 2명은 40점을, 1인은 39점을 준 것으로 보는 게 맞았다.

무엇이 잘못되었을까? 직접적으로는 상법에서 문제를 잘못 보고도 확인하지 않고 대충 쓴 것이 원인이었고, 간접적으로는 첫술에 1차에 합격한 것이 원인이었다. 1차에서 아주 좋은 성적으로 합격한 덕분에 나도 모르게 자만하고 경솔했다. 낙방이 믿기지 않아 술을 마시고 울었다. 그날 책가방도 잃어버렸다. 내가 원하는 시험에 떨어지기는 처음이었다. 창피하고 한심했지만 그보다 현실적인 어려움이 목을 죄어왔다. 다시 1년 더 공부해야 하는데 무슨 돈으로 할 것인가. 물론 지금 생각하면 그때의 실패가 내 인생에 큰 도움이 되었다. 그때 바로 합격했으면 내가 무척 잘난 줄 알고 건방지게 살았을지도 모른다.

주눅이 들어 집안에 틀어박혀 있는데 뜻밖에도 아버지가 여행을 가라고 권했다.

"이왕이면 고향에 한번 다녀와라."

아버지는 결정적인 순간에 그렇게 응원의 말을 전했다. 고향에 가 옛친구들을 만나 즐거운 시간을 보내니 정말 마음이 어느 정도 안정되었다. 아버지에게, 친구들에게 고마웠다.

나는 좀더 진중해졌다. 눈앞의 현실과 미래의 과제 사이에서 갈등하지 않고, 둘을 조화시켜 나가는 방법도 걸음마 하듯 찾아나갔다.

정의를 위해 싸우는 친구들을 보며 죄책감에 시달리는 대신 집회에도 참여했고, 고시원으로 돌아가서는 더 열심히 공부했다. 그렇게 4학년 2학기가 되어서야 처음으로 투석전이 아닌 1부 집회에 참여한 사람이 되었다.

어떤 시기의 삶도 그저 미래를 위한 수단이 되어서는 안 될 일이었다. 나는 내 방식대로 싸우고 내 방식대로 공부하며 살아가겠다는 결심을 했다.

그런 다짐은 마땅해 보였다. 낙방이 내게 준 선물.

삶이 고마웠다. 나는 성장하고 있었다.

나는 어려웠던 시절의 사람들을
잊지 않는다

나는 어려웠던 시절의 사람들을 잊지 않는다

공부하고 있는데 누군가 시끄럽게 고시원 창문 밖을 오르내렸다. 나중에는 창문을 치기까지 해서 짜증이 일었다. 뭐라고 한마디 하려고 창문을 열어젖혔는데 웬 아주머니가 보였다.

아주머니는 건축현장에서 가설계단을 밟으며 무거운 벽돌을 나르는 중이었다. 벽돌을 머리에 인 아주머니와 눈이 마주쳤다. 나는 얼른 눈길을 피하며 창문을 닫았다. 짜증은 어디론가 사라지고 가슴이 시렸다. 내가 공부하는 이 시간에도 힘겹게 일하고 있을 어머니와 형, 동생들이 떠올랐다.

아주머니의 임금은 내 하숙비에도 미치지 못할 것이었다. 12시간 일하는 여동생이 받은 월급도 그랬다. 이것은 정당한가. 질문이 내 안에서 들끓었다.

한번은 고시원 옆방에서 공부하던 나이 많은 고시생이 찾아와서는 시끄럽다고 거칠게 화를 냈다. 나는 이성삼이라는 선배와 한방을 썼으니 가끔 얘기도 하게 되고 그랬다. 크게 떠든 건 아니었다. 미안하다고 사과를 하는데 그가 대뜸 이렇게 말하는 것이었다.

"공돌이 새끼들처럼 시끄럽게 한다!"

그 순간 미안하던 마음이 싹 사라지고 화가 났다.

"공돌이 새끼들이 당신한테 피해준 게 뭔데요?"

나는 발끈해서 따지고 들었다. 말다툼은 고시원에서 함께 공부했던 최원준 선배가 성삼이 형과 나를 데리고 나가면서 무마됐다.

최원준 선배는 그 일을 두고 인터뷰에서 이렇게 말했다.

"재명이와 성삼이를 데리고 나와 생맥주를 사주며 제가 그랬죠. 그 사람 나이 들어서 공부하려니 초조해서 그러는 건데 이해해줘야 하지 않냐고… 그랬더니 재명이가 그래요.

'욕을 해도 우리한테 해야지 왜 아무 상관도 없는 공돌이를 욕해요? 그런 건 못 참아요.'

그 말에 내가 어이없어서 다시 말했어요.

'넌 이제 공돌이도 아니고 이 사회에서 손해 볼 것도 없는데 왜 그래?'

그때 재명이가 나를 보면서 말하더라구요.

'사람들이 다 나 같아요? 아직도 공장을 다니는 사람들은 어떡하라구요!'

그 말 들으니 할 말이 없더라구요.

지금도 그래요. 재명이가 기업에 무슨 특혜를 줬다는 보도를 들으면 듣는 순간 바로 말도 안 된다고 생각해요. 그건 이재명이란 인간을 몰라도 너무 모르고 하는 소리죠."

과거에 어렵게 살았던 사람들은 두 가지 길을 간다고 한다. 과거를 지워버리고 더 나은 삶을 추구하는 경우, 또 하나는 살아왔던 과거에 뿌리를 두고 그 어려웠던 상황을 해결하려고 끊임없이 의지를 갖는 경우.

나는 어느 쪽일까? 나는 가난하고 어려웠던 시절의 사람들을 잊지 않는다. 내가 어디에 있든 내 뿌리는 그곳이고 나는 거기서 출발한 사람이다.

혼자 잘 먹고 잘 살자고 여기까지 오지는 않았다.

우리의 민주주의는
그렇게 왔다

4학년 2학기, 종강과 함께 법대생들의 운명이 갈렸다. 집안 형편이 괜찮은 동기들은 고시공부를 계속했고, 그렇지 못한 동기들은 졸업하기 무섭게 군대에 가야 했다. 돈 있고 빽 있는 사람들은 군대를 잘도 면제받았다. 나와 가까웠던 규대, 성홍이, 정추도 입대 날짜를 받아놓고 짐을 꾸려 고향으로 내려갔다. 뜻을 펼쳐보지도 못하고 돈 없고 빽 없어서 귀향하는 친구들을 보고 있자니 섭섭하기 그지없었다. 나는 군대를 면제받았다. 프레스기에 치여 손상된 손목과 굽은 팔 때문이다. 징병검사를 하던 군의관은 내 방사선 사진을 보고 이렇게 말했다.

"이 새끼, 이거 완전 개판이구만."

그는 기가 차다는 표정을 지었다. 팔이 개판이어서 군대 안 가게 된 걸 다행이라 생각해야 할까. 마음이 씁쓸했다.

졸업식이 열렸다. 부모님과 형제 모두를 초대했다. 입학식 때 오지 않았던 아버지도 참석했다. 처음으로 아버지와 함께 온 가족이 활짝 웃으며 사진을 찍었다. 하지만 졸업식이 마냥 즐거울 수는 없었다. 졸업식에 없는 동기가 있었다.

이영진. 내게 5·18 광주의 영상을 최초로 보여주었던 영진이가 없었다. 영진이는 그때 차가운 감방에 갇혀 있었다. 시위를 이끌던 영진이는 구속되었고 학교는 그를 제적했다. 제적이라니... 가난한 영진이의 가족은 그가 집안을 일으켜주길 하염없이 기다렸을 것이다. 친구와 친구 부모님의 마음이 오죽할까 싶어 마음이 무거웠다.

졸업식이 끝나고 고시원으로 돌아온 나는 편지 한 통을 썼다. 영진이의 부모님께 보낼 편지였다. 이영진은 그 편지를 두고 나중에 이렇게 말했다.

"내가 감옥에서 나와서 집에 내려갔더니 아버지가 편지 한 장을 꺼내서 보여줬어요. 재명이가 보낸 거였어요. 부모님은 내가 걱정되고 보고 싶을 때마다 그 편지를 꺼내 보았다고 하더라구요. 녀석은 장난기가 참 많기도 했지만 그렇게 마음이 따뜻한 친구였어요. 재명이의 편지 한 장이 우리 부모님에게는 큰 위로가 되었던 것 같아요."

편지는 영진이에 대한 의리이기도 했지만 내가 고시공부하고 있을 때 자신의 전부를 걸고 투쟁에 나섰던, 그 모든 의로운 청년들에 대한 내 마음이기도 했다. 그 시절, 거리에서, 또 감옥에서 찬란한 청춘의 한 시절을 보냈던 청년들에게 존경의 마음을 보낸다. 우리의 민주주의는 그렇게 왔다.

그때 보냈던 편지의 한 대목을 옮겨본다.

의로운 일을 하다가 고초를 겪고 있는 영진이를 우리 동기들은 모두 자랑스럽게 여기고 있습니다.

영진이가 앞으로 반드시 더 훌륭하게 큰일을 할 것으로 우리는 믿고 있습니다.

부모님께서도 너무 상심하지 않으시기를 바랍니다.

- 1986년 2월 21일, 이영진의 학과 동기 이재명 올림

고통의 한가운데서
아들을 기다리다

아버지의 지원으로 사법고시를 공부하던 86년 3월, 아버지의 입원 소식을 들었다. 바로 병원으로 달려갔다. 의사는 위암이 재발해 3개월을 넘기기 어렵다며 여름까지도 버티지 못할 거라 했다. 병실에 누워 계신 아버지를 보니 자책이 들었다. 아버지를 원망만 한 것 같았다. 자식된 도리로 위암 하나 못 고쳐드리는구나 싶었다. 아버지의 삶도 가여웠다. 행복을 누릴 만하니 생이 다하고 있었다.

마음이 급해졌다. 아버지를 위해서라도 사법고시에 합격해야 했다.

법대에 합격했을 때 동네사람들에게 아들이 법대에 다닌다고 자랑하던 아버지의 모습을 우연히 보았다. 환하게 웃으며 내 얘기를 하는 아버지는 낯설었다.

사실 생각해보면 아버지는 결정적인 순간에는 내 공부를 밀어줬다. 한 번 떨어지고 다시 사법고시를 준비해야 할 때 깊숙이 숨겨놓았던 돈을 공부하라고 준 것도 아버지였다. 그때 좀 놀랐다. 실은 아버지도 마음 깊은 곳에선 나를 응원하고 있었던 것이다.

더 이상의 낙방은 있을 수 없었다. 나는 합격을 목표로 무섭게 공부에 집중했다.

5월, 1차 시험을 봤다. 합격이었다.

7월, 2차 시험을 봤다. 합격이었다.

최종 합격한 것은 겨울이었다. 내 나이 스물넷. 아버지는 의사가 예고한 3월을 지나 그때까지 살아 계셨다. 하지만 이미 의식이 거의 없었다. 마약성 진통제에 기대 겨우 숨을 부지하고 계셨다.

나는 무거운 마음으로 아버지 귀에 대고 속삭였다.

"아버지… 저 사법고시 최종합격했습니다."

그 말이 아버지의 의식에 가닿았을까? 의식이 없다고 여겼던 아버지의 눈가에서 천천히 눈물이 흘러내렸다. 마음이 무너져 내렸다. 그때까지도 나는 아버지와 제대로 화해하지 못하고 있었다. 자책이 깊었다.

아버지가 돌아가신 건 그로부터 얼마 지나지 않아서였다. 공교롭게도 내가 태어난 날, 태어난 시각에 돌아가셨다.

나는 그제야 깨달았다. 아들의 성공을, 내 최종합격 소식을 듣기 위해 그 고통의 한가운데서 아들을 기다리고 계셨음을……

가족이 살 집 한 채 마련하는 걸 일생의 목표로 삼고 평생 노동해온 아버지였다. 그런 아버지를 이해할 수 없어 나는 맹렬히 저항했다. 마치 나 혼자 태어나 자라온 것처럼 오만해, 대학 전공도 상의 없이 내 마음대로 정했다. 모든 자식들이 그러하듯 나도 아버지 돌아가신 뒤에야 알았다. 아버지가 내게 얼마나 큰 집이었는지…….

그런 아버지에게 사랑한다는 말을 한 번도 못했다.

누구나 아버지가 살아 계신다면, 뜬금없더라도, 또 불화하는 아버지일지라도, 사랑한다는 말을 꼭 해놓으시길 바란다.

제대로 화해하지 못했다는 후회는 너무나 깊으니 그런 후회가 없도록…….

아버지, 사랑했습니다.

아니, 사랑합니다. 아버지.

명사, 권력자?
먼저 사람이 되자

사법연수원에 입소했다. 연수생들에게는 월급이 나왔다. 첫 월급을 떼어 어머니께 드렸다. 어머니는 그 지폐를 쓰지 않고 부적처럼 오래 지니고 다니셨다.

매일 성남에서 연수원으로 출근했다. 정작 교육내용은 실망스러웠다. 경직된 교육제도에다 부실한 강의내용까지……. 판결문과 공소장 쓰는 기계가 되라는 것인지 기능 위주의 교육이 반복됐다.

연수생들의 태도도 편치 않았다.

사법고시 합격할 정도면 최고의 지적 능력과 소양을 갖춘 사람들일 줄 알았는데 그게 아니었다. 은근히 지연과 학연, 집안을 자랑하는 연수생이 많았다. 몇몇은 아주 노골적으로 무수저 출신이나 내세울 연줄이 없는 연수생을 무시했다. 그런 분위기는 나를 힘들게 했다. 그때 일기에는 이렇게 적혀 있다.

사회적 위치가 높은 사람보다는 인간적인 사람이 되어야겠다는 생각이 많이 든다. 사람이 되어야지, 명사나 권력자가 되어서는 안 된다.

내가 부족할 게 없는 집안에서 편하게 공부해 사법고시에 합격했다면 이런 생각을 할 수 있었을까.

연수생들의 분위기는 내가 공장이나 대학에서 만난 사람들과 많이 달랐다. 가진 게 없고 빽 없는 사람들, 그래서 여리고 순한 사람들. 나는 내가 아는 그 사람들이 자꾸만 눈에 밟혔다.

그해는 1987년이었다. 대한민국 역사에 특별한 방점이 찍힌 해. 1987년 6월 민주항쟁이 있던 해. 1월에는 서울대 학생 박종철이 남영동 대공분실에서 고문을 받다 사망했고, 6월 9일에는 연세대 학생 이한열이 경찰이 쏜 최루탄에 머리를 맞고 피투성이가 되어 쓰러졌다.

박종철 학생 고문 타살 기사를 봤을 때 몸이 부들부들 떨렸다. 전두환의 학살은 계속되고 있었다. 참을 수가 없었던 나는 퇴근 후 시위장소로 직행했다. 학생들 사이에서 양복을 입은 채로 '독재타도', '민주쟁취'를 외쳤다.

여섯 권째 내 일기장 표지에는 박종철 학생의 사진이 붙어 있다. 일기장은 내 가장 진실되고 솔직한 기록이다. 그 내밀한 곳에 박종철의 사진이 있다. 그것은 잊지 않겠다는 절절한 다짐이었다.

그해 전국적으로 약 500만 명이 시위에 참여했다고 한다. 6월 10일에는 서울에서만 30여 곳, 전국적으로 500곳 이상에서 집회가 열렸다. 당일 오후 6시 정각, 전국 곳곳에서 교회가 종을 치고, 그것을 신호로 차량들이 일제히 경적을 울리고, 시위대들이 함성을 질렀다. 지나던 시민들이 걸음을 멈추고 박수로 호응했다.

하나로 뭉쳐진 거대한 힘.

누구에게나 삶의 방향을 결정짓는 어떤 불멸의 순간이 있다. 1987년 6월은 대한민국이라는 공동체가 오직 민중의 힘으로 새로운 길을 연 불멸의 순간이었다.

그때, 지금은 차들로 가득한 서울의 도로를 온통 사람이, 만장이, 깃발이 점령했다.

나도 거기에 있었다.

다 잃어도
괜찮다

6개월만이라도 판검사를 하면 전관예우를 받아 돈 걱정 안 하고 수월하게 변호사로 개업할 수 있었다. 하지만 그건 '변호사가 되어 약자와 함께하겠다'던 동기 이영진에게 했던 약속을 어기는 것이었다.

"저는 노동자들과 함께하는 인권변호사가 될 겁니다."

사법연수생 때 그렇게 말하고 다녔다. 사람들에게 공언하고 다니면 다른 생각은 하지 않을 거였다. 스스로에게 취한 강도 높은 조치였던 셈이다.

1987년 6월 민주항쟁 승리로 민주화 바람이 부는 듯했다. 대통령도 국민이 직접 뽑게 되고 대학 캠퍼스에서도 정보요원들이 철수했다. 그러나 놀랍게도 검찰청과 법원에는 여전히 국가안전기획부(현 국가정보원) 요원들이 상주하며 수사와 재판에 개입하고 있었다.

게다가 새로 들어선 노태우 정부는 아무런 자기반성도 없이 전두환 정권이 임명한 대법원장의 유임을 추진하고 있었다. 옳지 않았다. 민주사회를위한변호사모임 등이 반대성명을 발표하고 있었다.

당시 나는 뜻을 함께하는 연수생들과 '노동법학회'란 모임을 만들어 공부도 하고 상담 봉사활동도 나가곤 했다. 그때 함께한 이들이 정성호, 문무일, 최원식, 문병호 등이다. 군부정권의 대법원장 유임 움직임에 고민이 깊었다. 나는 총대를 메고 연수원 18기 동기들을 모았다. 그리고 봉천동 여관에 모여 어찌할 것인지 밤새 토론했다. 여관비 20만 원도 내가 냈다.

사법연수생 명의로 성명서를 내기로 했다. 성명서를 낸다는 건 간단한 일이 아니었다. 연수생 자격을 박탈당할 수도 있는 일이었다. 최소 중징계에서 형사처벌까지 각오해야 했다. 하지만 우리는 결정했다. 나는 심혈을 기울여 성명서 초안을 작성했다.

후에 최원식은 "워낙 초안을 잘 써서 수정할 게 없었다"고 회

고했다. 완성된 초안을 성남 우리집으로 들고 가 2벌식 타자기로 쳤다. 그리고 전국 각지에서 실무연수 중인 연수생들의 서명을 받기 위해 모두 흩어졌다.

이윽고 1988년 7월 1일, '사법부 독립에 관한 우리의 견해'라는 성명이 발표됐다. 사법연수원생 185명이 서명한 성명서였다. 연수생들이 외부에 집단적으로 견해를 표명한 것은 연수원이 세워진 이래 처음 있는 일이었다. 나라가 들썩했다.

대법원장 유임 반대 움직임은 이후 법조계와 종교계, 시민사회단체로 확대됐고, 결국 그것은 없던 일이 되었다. 뿌듯했다. 역사는 그 사건을 '2차 사법파동'이라 부른다. 대한민국 역사상 두 번째로 벌어진 법조계의 반독재 투쟁이다.

누군가 연수생 자격을 박탈당하면 어쩌려고 그랬느냐고, 두렵지 않았느냐고 묻는다. 두렵지 않았다면 거짓말일 것이다. 하지만 그때, 몰려오는 두려움과 망설임 앞에서 나는 이렇게 생각했다.

'내가 여기까지 온 것도 많이 온 것이다. 지금부터 얻는 것은 덤이니, 다 잃어도 괜찮다.'

나를 놓아버리자 두려움이 물러나고 용기가 왔다. 그렇게 길은 다른 방식으로도 열린다.

　우리는 승리했다. 또 민주화 바람이 워낙 세게 불었던 탓에 처벌도 면했다. 다행이었다.

길을 열어준
그 사람

사법시험 성적과 연수원 성적을 합한 최종성적은 중상위권이었다. 판검사 발령이 가능한 수준. 다시 마음이 흔들렸다. 어린 나이에 경험도 없는 변호사 개업이 두려웠고, 임관은 포기하기가 아까웠다. 소위 말하는 '판검사'가 되면 어머니가 좋아하실 것이었다. 그런 고민을 하고 있으니 내가 이렇게 소시민적이었나 싶어 자괴감이 일었다.

나는 일기장에 꾹꾹 눌러쓰며 마음을 다잡았다.

나의 개인적 행복만을 위해 살 것인가. 아니면 세상의 탄압 받고 억눌리는 사람들을 위해 나의 행복을 조금 포기할 것인가. 돼지와 사람의 차이가 무엇인가.

흔들리는 내 마음에 쐐기를 박아준 것은 한 변호사의 특강이었다. 정말 시원시원하면서도 구수하게 말을 잘하는 분이었다. 나는 한 마디도 빠뜨리지 않고 집중해 들었다. 그분이 바로 내가 하려고 하는 노동인권 변호사였으니까…….

"변호사는 뭘 해도 밥은 안 굶는다!"

그분의 마지막 말이었다. 호통 같기도 한 그 말이 가슴 한가운데로 쑥 들어오더니 나를 안심시켜주었다. 뭘 해도 굶지 않는다면 못할 게 무어란 말인가. 내게 길을 열어준 말이었다. 그때 특강을 했던 분이 바로 노무현 전 대통령이었다.

나는 또 깨달았다. 판검사로 잠깐이라도 단맛을 보면 그때는 포기가 더 어려울 것임을……. 한 번의 타협은 한 번으로 끝나지 않는 법이다.

그럼 이제 어디서 어떻게 시작할 것인가? 답은 어렵지 않게 나왔다. 일기장에도 못 박듯이 적었다.

성남은 내 일생의 반을, 그것도 험한 세상을 겪으며 보낸 곳으로서, 나의 두 번째 고향이자 내가 다시 태어난 곳이다. 그렇기에 나는 성남을 사랑하며 결코 이곳을 벗어날 수 없다. 나는 성남을 새로이 일으킬 것이며 민주화의 거점으로 성장시킬 것

이다. - 1988년 5월 12일

내가 힘이 돼주어야 할 상대는 노동자와 빈민이었고, 성남에는 무수히 많은 '어제의 이재명'들이 여전히 힘들게 살아가고 있었다. 결국 유혹을 걷어내고 성남에 변호사 사무실을 내기로 결정했다. 근무시간 외에는 노동상담소에서 상담역으로 자원봉사를 하기로 했다.

한 심리학자는 『2021·2022 이재명론』(간디서원, 2021)이란 책에서 나를 두고 사적 욕망이 공적 욕망으로 승화된 정치인이라고 진단했다. 매 맞는 노동자로 살지 않겠다는 사적욕망이 그 누구도 매 맞지 않는 사회를 건설하겠다는 공적 욕망으로 발전됐다는 것이다. 그러면서 공익추구형 정치인의 특징을 이렇게 나열했다.

첫째, 권력을 잡기 위해 뭔가를 하는 게 아니라, 뭔가를 하기 위해 권력을 필요로 한다.
둘째, 개인적 손해를 두려워하지 않는다.
셋째, 대중은 물론이고 반대자들도 피하지 않는다.
넷째, 절대다수의 일반 국민에 대한 강한 연대감을 갖고 있다.

공감이 되는지 궁금한 대목이다.

스물다섯 살 어린 변호사를 응원해준
인생의 스승들

스물다섯 살 어린 변호사를 응원해준
인생의 스승들

연수원 동기들은 나를 이해하지 못했다. 판검사로 6개월만 있다 나오면 전관예우 받을 수 있는데 그걸 마다하고 굳이 변호사를 하겠다며 개업자금을 만들려고 법률구조공단 취업을 고민했으니…….

그들에게 나는 별종이었다.

연수원 시절 변호사 시보를 조영래 변호사 사무실로 나갔다. 조영래는 누구인가? 『전태일 평전』을 썼던 그분이 맞다.

경기고와 서울대를 최우수로 나온 수재였지만 인권변호사로서, 민주화운동가로서 희생을 마다하지 않고 불멸의 삶을 살았던 분. 나는 그때도 그랬고 지금도 그분을 무한히 존경한다.

조영래 변호사 사무실에서 망원동 수재민 집단소송을 자원봉사했다. 변호사 개업을 해야 하는데 사무실 임대료가 없어 고민하던 중이었다. 하루는 변호사님이 부르더니 개업에 쓸 5백만 원을 빌릴 수 있게 해주셨다. 뜻밖의 응원……

판검사 임용을 마다하고 갈 길을 가겠다는 스물다섯 살짜리 어린 변호사의 무모한 도전과 용기가 가상했던 모양이다. 뿌듯했다. 전태일 열사를 평전으로 우리 안에 되살린 조영래 변호사님이 나를 믿고 인정해준 것 같았다.

그렇게 빌린 5백만 원은 귀한 돈이었지만 성남에 사무실을 얻기에는 부족했다. 또 한 분 원군이 나타났다. 검정고시 공부할 때 공짜로 학원에 다니게 해주었던 김창구 원장님이었다. 원장님 주선으로 5백만 원을 빌릴 수 있었다. 성남에서 원하던 대로 인권변호사의 길을 갈 수 있게 되었다. 한없이 고마웠다.

그분들이 내게 도움 준 것은 돈이 아니었다. 내가 받은 것은 무조건적인 신뢰와 응원이었고, 그것은 내게 용기의 원천이 되었다. 나를 응원해주는 멋진 분들이 있다. 겁날 게 무어란 말인가……

그렇게 스물다섯의 새파란 변호사는 노동자로 자란 성남에서 '가난한 사람을 돕겠다'는 어린 시절 계획대로 사무실을 열었다. 나는 두 가지 결심을 했다.

‐ 돈을 변호하지 않고 사람을 변호하겠다.

– 이익을 변호하지 않고 정의를 변호하겠다.

열아홉 살, 법대에 다니며 사법시험 공부를 시작할 때 했던 결심과 약속은 더욱 단단해지고 구체화되고 있었다.

사무실을 개업하고 명패 옆에 액자를 하나 놓았다. 액자엔 이렇게 적혀 있었다.

'민생변론'

생각해보면 당시의 결심은 아직도 현재진행형이다. 나는 지금도 변호인으로 살고 있을 뿐이다. 내가 변호하는 사람들은 어제의 수많은 '나'이고 매일매일을 성실히 살아가는 이웃들이다. 힘도 약하고 가진 게 없지만 성실하고 순한 사람들……. 그런 이들의 든든한 배경이 되어주는 것. 그들의 가장 충직하고, 가장 유능한 변호인이 되는 것. 그것이 내 소명이다.

조영래 변호사와 전태일 열사는 모두 대구에서 태어났다. 1947년과 1948년생으로 생전에 만났다면 좋은 친구가 되었으리라. 그리운 사람들이다.

돈은 안 되지만
일은 많았습니다

변호사 사무실이 처음에는 한적했다. 전관예우도, 비빌 연고도 없이 새파란 나이에 개업한 변호사였으니……. 사무실을 방문한 의뢰인들은 변호사 명패가 놓인 책상에 앉아 있는 내게 "변호사님 어디 가셨냐?"고 물었다. "제가 변호사입니다."라고 하면 그들은 이상한 사람 취급하며 차갑게 발길을 돌렸다.

하지만 원치 않던 한적함은 오래 가지 않았다. 성남공단의 노동사건이 밀려 들어오기 시작했다. 경원대, 한국외대, 경희대 등에서 구속된 학생들의 변호도 도맡게 되었다. 이른바 돈은 안 되고 골치만 아프다는 사건들.

나는 경기도 동부지역에서 벌어지는 그런 인권사건, 노동사건, 시국사범 양심수들 대부분을 무료변론해야 했다. 경기동부지역에서 무료변론을 맡을 이가 나밖에 없어 돈은 안 되지만 일은 눈코 뜰 새 없을 만큼 많았다. 수사재판기록 복사비 등 필수 비용으로 10~20만 원을 받기로 했지만 대부분 그마저도 제대로 내지 않아 개인비용으로 충당했다. 인권단체를 통해 오는 사건은 50만 원 정도가 지원되어 그나마 다행이었다.

일반사건 상담도 당연히 무료로 했다. 나중에는 사람들이 114로 변호사 무료상담 번호안내를 요청하면 안내원들이 내 사무실 전화번호를 알려줬다. 상담은 상대가 어떤 사람이든 성실히 임했다. 가능하면 비용이 드는 소송을 피해 해결할 방법을 찾아주었다.

1987년에는 성남공단에 있던 에프코아코리아라는 일본기업이 갑자기 문을 닫았다. 노조활동을 봉쇄하기 위함이었다. 회사는 향후 3년간의 생산물량을 확보해 놓았지만 물량을 빼돌리고는 '위장폐업'을 했다. 졸지에 직장을 잃은 2백 명이 넘는 노동자들이 내게 도움을 청해왔다. 모두 내 여동생 또래의 여공들이었다. 이럴 때 소용 있으라고 내가 변호사가 된 게 아니겠는가. 나는 이 사건에 반년 넘게 매달렸다. 열심히 했다.

힘들었던 점은 그들을 변론하면서 시도 때도 없이 눈시울이 달아오르고 목이 메었다는 것. 그들의 삶이 내 지나온 삶과 너무 닮아 거리 두기가 되지 않았다.

오랜 싸움 끝에 결국 노동자들은 작은 승리를 했다. 눈물겨웠다. 어느 날 민주당 모 국회의원이 말했다. 자신의 아내가 그때 내게 도움받은 에프코아코리아의 노동자였다고…….

외국인노동자들의 가슴 아픈 사연도 많았다. 필리핀에서 온 에리엘 갈락이란 노동자는 1992년 성남공장에서 일하다 오른 팔이 절단되는 사고를 당했다. 불법체류자였던 까닭에 산재로 인정을 받을 수 없었다. 그를 기다리는 것은 보상이 아니라 강제출국이었다. 가족을 부양하고 동생들을 학교에 보내기 위해 이역만리 남의 땅에서 밤낮없이 일하던 그는 한 팔을 잃어버린 채로 돌아가야 했다.

나는 갈락의 산업재해 요양승인을 받아내기 위해 분투했다. 하지만 노동부, 공단, 출입국관리사무소의 입장은 완강했다. 전례가 없다는 것이었다. 이에 나는 온갖 자료와 증거, 법리, 세계노동기구 권고조항까지 동원해 달려들었다.

1년여의 기나긴 재심 절차가 이어졌고 결국 요양인정을 받아냈다. 이미 갈락은 필리핀으로 돌아가 요양을 받을 수도 없었지만 산재보상금은 받게 된 것이었다.

갈락에게 보상금을 송금한 저녁, 사무실 식구들과 파티 아닌 파티를 열었다. 갈락에게 그 돈이 사과나 위로가 될까 싶었다. 기쁘기보다 그날따라 내 굽은 팔은 더 많이 아팠고, 술은 더 많이 마셨던 것 같다.

변호사로서 나름 열심히 했다고 여긴다. 민변 활동도 했고 이천노동상담소, 광주노동상담소 소장으로도 일하면서 지원했다. 그 시절 나를 거쳐 간 사건들을 적어본다.

독도 시위 체포 대학생들, 용산참사 시위자, 분당 파크뷰 분양 특혜 폭로, 전두환·노태우 비자금 추징 운동, 이명박 독도 망언 소송단 대표, 이해학 목사 국가보안법 위반사건, 경희대생 강제연행·가혹행위, 김태년 국회의원 안기부 조작사건, 농협 부정대출 비리사건 폭로 기자 변론, 경기교통 불법매각 집단 손해배상, 성남 지하상가 비리 폭로, 연예인 골프캐디 폭행사건 피해 구제, 복정동 일용건설노동자 노조설립 지원, 하대원 철거민 강제철거 변론, 외국인노동자 활동가 구속사건, 노점상 구속자…….

수많은 구속 노동자와 학생들, 구속된 평화운동가들, 해고된 노동자들의 무효소송……. 이제는 기억조차 가물가물한 수많은 사람들이 떠오른다. 그중에는 한때 격렬하게 싸웠던 김문수 전 경기지사의 동생도 있었으니…….

돈 쓰는
법

변호사 개업과 거의 동시에 노동운동 지원과 노동상담에 뛰어들었다. 마침 안양로 선생이 도와달라는 부탁을 해왔다. 그는 성남보다 상황이 열악한 여주, 이천에 노동상담소를 열고 노동상담을 맡아줄 변호사를 찾고 있었다. 같이하자는 제안에 나는 1초도 망설이지 않고 동의했다.

그렇게 매주 2회, 수요일 오후와 토요일 내내 이천 노동상담소로 가 노동운동가들과 어울리고 노동운동을 지원하며 노동법률상담을 했다. 일이 끝나면 지역의 노동자들과 막걸리를 나눠 마시며 토론하다 밤늦게 성남으로 돌아왔다. 노동상담소의 보증금과 월세, 간사들 활동비도 댔다. 상담소 간사였던 김재기 씨는 언론과의 인터뷰에서 이렇게 말했다.

"노동상담소가 세 들었던 건물에서 나가게 됐어요. 건물주가 형사들 압력에 나가달라고 한 거죠. 그래서 다른 데를 알아봤는데 너무 비싼 곳만 있어 난감했지요. 그런데 이재명 변호사가 선뜻 보증금 2천만 원을 대줬어요. 당시엔 변호사니까 그런 돈도 있나보다 했는데, 저는 13년 지나서야 알았어요. 자기는 변호사 사무실 낼 돈이 없어서 조영래 변호사와 학원 원장님에게 빌려 썼다는 걸요. 그 와중에 노동상담소 보증금을 댔다는 걸요. 그걸 13년이 지나 처음 듣고 너무 놀랐죠. 함께 일했던 우리 활동가들은 정말 까맣게 몰랐어요. 너무 미안하더라구요.

또 처음 한 달 같이 일하고 간사들에게 삼겹살과 소주를 사줬어요. 헤어지는데 택시비 주듯이 봉투 하나를 내밀면서 나눠 쓰십시오, 그러는 거예요. 나중에 보니까 100만 원이 들어 있더라구요. 그거면 사무실 월세 내고 상근자들 세 명 활동비가 됐어요. 저는 또 처음이니까 그런가 보다 했는데, 내가 이천을 떠날 때까지 무려 3년 넘게 매달 꼬박꼬박 봉투를 줬어요.

그렇게 실무자들 생활비를 지원해주면서도 혹시 우리 자존심이 상할까 늘 조심했었죠. 저는 이 변호사가 그런 사실을 그때는 물론이고 지금까지 한 번도 자기 입 밖에 내는 걸 보지 못했어요."

시민단체 활동가들의 급여는 보잘것없었다. 공익을 위해 뛰는 사람들인데 최소한의 생계만큼은 책임져줘야 한다는 게 내 생각이었다.

성남시민모임 때도 그랬다. 당시 성남시민모임에서 실무를 맡았던 현대전자 해고자 강현숙 씨는 뒷날에 이렇게 전했다.

"변호사님이 후원회를 잘 조직해서 상근자들은 모두 정확하게 급여를 받았고, 모자라는 경비는 변호사님이 부담을 해주셨어요. 당시에 우리처럼 4대 보험까지 다 받는 시민단체 실무자는 전국에서 드물었을 거예요. 변호사님은 고맙다고 하는 우리에게 전혀 고마운 것이 아니고 당연한 권리라고 했어요. 노동운동과 시민운동을 하는 우리가 노동법을 안 지키면 누가 지키겠느냐면서요."

돈이 어떻게 쓰여야 가장 빛나는지 조영래 변호사님과 김창구 원장님께 배웠다. 또 내가 선물한 금가락지를 늘 매만지며 위안을 삼던 엄마를 보며 배웠다.

사람은 좋아하는 사람을 닮는다. 어떤 선생님을 좋아하면 그 과목 성적도 올라가는 것처럼…….

나는 배운 대로 실천했다.

왜 그렇게
열심히 하는데?

"재명이의 1차 사법고시 점수를 보고 서울대 애들도 깜짝 놀랐어요. 1차를 두 번 다 90점 이상을 받은 거예요. 저는 그런 앨 본 적이 없어요. 1차는 영어, 국사, 문화사 같은 과목까지 있어서 정규교육을 받지 않은 수험생이면 굉장히 어려워하거든요. 그런데 정규교육 받은 애들도 못 받는 점수를 두 번 내리받았으니 괴물 같은 거죠. 집중력에다 핵심을 파악하는 능력이 엄청 뛰어난 거예요."

고시원 선배 최원준의 회상이다. 자랑(?)은 아니고 궁금할 분들도 있을 듯하여 정보제공 차원에서 옮겨보는 것이라고 주장하겠다.

변호사 사무실을 성남의 법원 앞으로 옮기면서 부설 노동상담소를 열었다. 대학 동기인 이영진에게 노동상담소장을 부탁했다. 대학시절 운동권 동아리에 들어가서 함께하자고 내게 제안했던 이영진 말이다. 나는 이영진에게 후에 변호사가 되어 함께하겠다고 약속했었고 그로부터 7년 만에 약속을 지켰다.

영진이는 상담소장 이상의 역할을 해주었다. 법원, 경찰서, 노동 현장 등으로 바쁘게 뛰어다녔고, 사무실의 안살림도 빈틈없이 챙겨주었다. 그는 아무 사심이 없는 선한 사람이며 항상 나를 가장 응원해주는 사람 중 하나다.

우리는 지금도 친구로 지낸다. 벌써 40년지기.

나는 승률이 높은 변호사였다. 사건을 치밀하게 분석하고, 법리는 물론 최신 판례까지 샅샅이 뒤져 변론을 준비했기 때문이다. 재밌게도 내가 노동자들을 변론하느라 재판정에서 맞붙었던 회사와 기업주들이 나에게 다른 사건을 의뢰하고 소개하기도 했다. 그들은 나로 인해 패소했지만 그래서 오히려 내가 자기들 변호사였으면 싶은 생각이 들었다는 것이다. 그런 기업들은 노사문제가 아닌 민사사건을 가지고 왔다. 수임료가 괜찮았다.

법률상담도 열심히 했다. 답을 못 찾겠으면 며칠 뒤 다시 오라고 한 뒤, 책 사서 공부하고 판례를 분석해 답을 찾았다.

지금은 인터넷으로 최신 판례를 손쉽게 확인할 수 있지만, 당시에는 책자로 만들어 전국의 변호사 사무실로 팔러 다니는 사람들이 있었다. 성남에서 최신 판례집을 빠짐없이 구입해 탐독하는 건 나뿐이었다.

"돈도 안 받는 무료상담을 왜 그렇게 열심히 하는 거야?"

하루는 무료상담이 끝난 후 이영진이 물었다. 얼굴에 의아함이 가득했다.

"내가 답을 찾아주지 않으면 저 사람들은 성남 어디 가서도 답을 찾지 못할 거야. 성남의 변호사인 내가 해야지."

나의 대답에 대한 감상평이랄까, 이영진은 그 시절의 나에 대해 이렇게 전한다.

"재명이는 늘 공부했어요. 보통 변호사 되고 나면 공부 안 하거든요. 그래서 머리가 굳고 생각도 굳는데, 재명이는 안 그래요. 또 재명이는 질 사건은 맡지 않았어요. 질 게 분명한 걸 가지고 소송하려고 하면 하지 마라, 해도 진다, 시간과 돈만 날린다, 그렇게 얘기했어요. 그런데도 우리 말 안 듣고 기분 나빠하며 다른 사무실 찾아가서 소송한 사람들 어떻게 되었겠어요? 지고 나서 후회하며 우리한테 와서 그때 변호사님 말 들을 걸 그랬다고 후회하죠.

　시장, 도지사로서 공약 이행률이 압도적으로 높은 것도 그 때문일 거예요. 되지 않을 일은 공약을 안 하거든요."

김혜경을
만나다

1991년, 그즈음 나의 일상은 변론, 접견, 상담, 판례분석으로 채워졌다. 눈코 뜰새 없이 종일 뛰다가 밤이면 지역 활동가들과 허름한 술집에서 소주잔을 기울이며 토론을 벌였다. 울분에 찬 이야기는 끝이 없었고 단골술집 주인은 우리 일행을 남겨두고 퇴근해버릴 지경이었다.

문득 이런 피폐한(?) 일상을 끝내야 한다는 생각이 들었다. 그리고 과감한 계획을 세웠다. 8월이 가기 전에 만난 사람과 결혼하겠다는 결심이었다. 어머니는 아버지 얼굴을 혼례식장에서 맞절할 때 처음 봤다는데, 오래 만나 연애 결혼한 사람들과 결혼생활이 달라 보이지 않았다.

나는 결정하기 전까지 매우 신중하게 고민하지만, 일단 결정하면 과감하고 신속하게 실행한다. 실행력을 높이기 위해 주변에 공언하기도 했다.

"8월이 가기 전에 결혼할 사람을 만날 겁니다."

다섯 번의 소개팅이 잡히고 세 번째 소개팅에서 운명의 상대를 만났다. 내가 첫눈에 반한 사람의 이름은 김혜경이었다.

그날부터 성남의 동료들과 단골술집은 머리에서 싹 지워졌다. 매일 저녁 그녀를 만나러 쫓아갔다. 잠시라도 안 보면 못 견딜 지경이었다.

김혜경은 숙명여대 피아노과를 졸업하고 주일이면 교회에 나가는 사람이었다. 부드럽고 따스했으며, 밝고 유쾌했다. 함께 있는 시간이 너무 좋았다. 그녀의 많은 것이 낯설었지만, 낯선 그 모든 것들이 좋았다. 내 감정은 직진했고 네 번째 만났을 때 청혼했다. 김혜경은 어이없다는 듯 웃었다. 웃는 걸 보니 차인 건 아니구나 싶었다. 그만큼 그녀에게 반했다. 그리고 실은 내 인생에서 그렇게 빠진 상대는 없었다. 그럼 결혼해야지…….

그런데 김혜경은 그 후 몇 번을 더 만나도 가타부타 답이 없었다. 최후 수단을 동원했다. 열다섯 살부터 스물네 살까지 10년간의 일기장 여섯 권을 건넨 것이다.

"난 이렇게 살아온 사람입니다. 내 속을 숨김없이 보여드릴 테니 같이 살 만하다 생각하면 결혼합시다."

사실 나는 만났던 첫날부터 그녀에게 내 살아온 삶을 다 전했다. 가난한 집안 살림과 식구들 이야기를 모조리……. 솔직하게 다 보여주어야 한다고, 속이면 안 된다고 여겼다. 심지어 형제들 일하는 데까지 데려가서 인사시켰다. 무리한 작전이 분명했지만 결과는 신의 한 수였다. 그녀는 내 청혼을 받아주었다. 기쁘고 행복했다. 세상을 다 얻은 것 같았다. 내 입이 귀에 걸렸다.

후에 그녀는 일기장을 비롯해 내 솔직한 모습에 확신과 믿음을 얻었다고 했다. 만나고 7개월 뒤에 결혼했다.

궁금해할 것 같아 말하자면 그녀와의 소개팅 이후 두 번의 소개팅이 더 남아 있었다. 당시 김혜경에게 그 사실을 자백하고 소개팅을 어떻게 하면 좋을지를 물었다. 김혜경은 소개해준 사람들의 체면을 생각해서라도 만나라는 윤허를 내렸고, 그래서 두 번의 소개팅을 더 나갔다. 후에 다섯 번째 소개팅에서 만난 아가씨가 괜찮았다고 김혜경 앞에서 까불다가 혼났다. 농담이었지만 혼나야 마땅했다.

내 인생에서 가장 잘한 일을 꼽으라면 아내와 결혼한 것이다. 가장 행복한 순간도 아내와 편안하게 수다 떨 때이다.

6연발
가스총

1990년대 중반으로 접어들면서 성남에서도 시민운동에 대한 관심이 높아졌다. 노동·인권변호사로 활동하면서 성남의 '우리 변호사'가 된 나의 역할도 자연스레 시민사회 영역으로 확장되었고, '성남시민모임' 참여로 이어졌다.

성남시민모임 집행위원장을 맡게 된 나는 '파크뷰 특혜사건'에 달려들었다. '파크뷰 특혜사건'은 분당 백궁·정자지구의 상업·업무용 토지를 주거용으로 용도변경하고 정·관계 유력인사들에게 특혜분양한 권력형 비리였다. 토지를 용도변경해 아파트를 짓는 일은 건설업자에게 엄청난 차익을 안겨주는 것이었다. 나는 1999년 말부터 용도변경의 부당성을 지적하며 반대운동에 나섰다. 하지만 주민들의 강력한 반대에도 불구하고 성남시는 용도변경했고, 이 땅의 가치는 천정부지가 되었다. 사건을 파헤쳐 나갈수록 배후에 토건업자와 정관계, 검찰, 언론으로 이어지는 막강한 고리가 버티고 있음을 알 수 있었다. 지역의 변호사 한 명과 시민단체가 맞서 싸우기에는 너무나 거대한 상대였다. 주변에서 다친다며 물러서라는 권유가 잇달았다. 무모하다고 했다.

나라고 두렵지 않은 것은 아니었다. 하지만 몰랐다면 모를까 부정이 행해지고 있음을 알게 된 이상 물러서는 것은 옳지 않았다.

결심은 그러했지만 실제의 상대는 예상보다 막강했다.

토건세력은 처음엔 회유책으로 나를 포섭하려 했다. 내가 지역의 노동자와 시민을 위한 언론사를 만들고 싶어한다는 사실을 알아낸 뒤 20억을 투자해주겠다고 제안을 해왔다. 20억. 천만 원도 없어 사무실 개업비용을 빌렸던 내게 20억이라……. 나는 이런 제안이 들어왔다는 사실을 동료들에게 얘기했다. 그리고 이렇게 반문했다.

"우리가 양심을 팔려면 얼마를 받아야 할까?"

돈으로 사람도, 영혼도 살 수 있다고 믿는 세력들이었다. 나는 한 5천억은 받아야 하지 않겠냐고 했다. 성남시민모임과 같은 단체를 전국적으로 2~3백 개쯤 만들어 운영하려면 그 정도는 있어야 하지 않을까 싶었다. 모두가 웃었다. 웃픈 농담. 그들은 이날의 농담을 소문냈다. 이재명이 20억이 적다며 5천억을 요구했다고……. 덕분에 내 양심의 공시지가는 20억에서 5천억으로 급격히 상승했다.

회유가 먹히지 않으니 다음 단계는 협박이었다. 나를 향한 협박까지는 견딜 만했다. 하지만 가족을 해치겠다는 협박에는 나도 힘들었다. 그들은 사무실은 물론 집으로도 전화를 해댔다. 새벽에 전화해서 아내에게 아이들이 다니는 학교와 반까지 대면서 좋지 않을 거라고 했다. 아내가 무척 고통스러워했다. 경찰에 신고해도 소용없었다. 나중에 보니 경찰서 간부도 한패였다.

결국 나는 허가를 받고 6연발 가스총을 구비했다. 양복 주머니에 총을 넣고 다녔다.

상대는 거대한 골리앗이었다. 어떻게 할 것인가? 나는 생의 방향을 결정할 커다란 물음 앞에 서 있었다.

끝나지 않은
전쟁

끝나지 않은
전쟁

　협박을 당하고, 6연발 가스총을 구비하고……. 아이들에 대한 협박까지 들은 아내는 무척 힘들어했다. 상대는 막강한 자본과 권력으로 무장한 기득권세력이었다. 나는 시민단체에서 활동하는 변호사였을 뿐이었다. 어떻게 할 것인가. 백척간두. 백 자 높이의 허공, 선 자리는 장대 끝, 바람 불면 휘청거리는 위태로운 자리.

　이 싸움이 후에 얼마나 험한 가시밭길을 펼쳐놓을지 가늠하는 것은 의미가 없었다. 그러나 내가 포기하면 아무도 싸우지 않으리란 것은 분명했다. 몰랐다면 모를까, 알고서도 부정과 싸우지 않는 것은 양심이 허락하지 않았다.

　결국 나는 그 위태로운 허공, 백척간두에서 한 발 더 나아가기로 결정했다. 진일보.

아파트 특혜분양은 곁가지였다. 몸통은 땅의 가치를 천정부지로 뛰게 한 용도변경이었다. 어마어마한 이득이 발생하는 지점. 나는 사건의 본질을 추적하는 KBS '추적 60분' 팀의 취재와 인터뷰에 응했다. 나와 인터뷰 도중, 내 사무실에 오기 전 수차례 검찰을 사칭해 시장 비서진과 통화하며 시장과의 연결을 요청한 KBS 피디에게 시장으로부터 통화하자는 음성메시지가 왔다. 용도변경의 최종 인허가권자였던 성남시장에게 전화한 피디는 자신이 파크뷰 사건 담당검사라며 솔직하게 전모를 털어놓을 것을 종용했다. 당시 성남시장은 내막을 털어놓았고, 기자는 통화를 녹취했다.

　며칠 후 녹취가 '추적 60분' 방송으로 나갔지만 반향이 없다. 나는 피디에게 통사정해 녹취파일을 받아 기자회견장에서 공개했다.

　마침 지방선거와 맞물려 세상이 뒤집혔다. 당황한 성남시장은 피디의 검사사칭 배후로 나를 지목했고, 검찰은 나를 공범으로 기소했다. 억울해서 대법원까지 가며 싸웠지만 결국 유죄로 벌금 150만 원을 받았다. 사칭한 PD는 선고유예였다.

　'파크뷰 특혜사건' 싸움은 몇 년에 걸쳐 계속됐다. 무려 499세대를 정관계, 법조계, 언론계의 유력자들에게 특혜분양한 사실이 드러났고, 도움을 주고 돈을 받은 경기도지사 부인, 성남시장, 경찰간부, 언론인, 정치인 등 관계자들이 줄줄이 구속되었다.

돌이켜 생각하면 그 사건은 나와 부동산마피아, 음험한 기득권 세력과의 전선이 구축되는 순간이었다. 이 일을 두고 어떤 평론가는 내가 '부동산 패권주의 세력의 역린을 건드린 것'이라 표현하기도 했다.

문제는 이 싸움이 아직 끝나지 않았다는 것.

부동산투기 세력은 지금까지 면면히 이어지고, 땅을 통한 그들의 이익 추구는 만족을 모른다.

그들은 전방위적인 수단을 동원해 부동산값 상승을 부추기고, 서로 결탁해 범법하며 천문학적 이득을 취한다. 그들은 이기기 어려운 거악이자 우리 사회의 숨은 실력자들이다.

부동산마피아의 역린을
건드리다

토건마피아와의 싸움은 지금도 계속된다.

대장동 개발사업 또한 다르지 않다. 대장동 건은 이미 2018년 경기도지사 선거 때도 내가 검찰에게 기소당한 사건이다. 검찰은 개발이익금 5,503억 원을 시민 몫으로 환수했다는 내 발언이 허위사실 공표라고 기소했다. 결론은?

'무죄'였다.

검경은 이미 그때 현미경을 들이대듯 대장동 사업을 자세히 들여다보았을 것이다. 내게 부정과 비리가 있었다면 이미 그때 그 점을 문제 삼지 않았겠는가.

원래 LH의 공공개발로 추진되던 대장동 개발사업을 민간개발로 바꿔놓은 건 국민의힘 세력이다. 하지만 나는 성남시장이 되면서 민간개발을 막고 성남시 공공개발을 추진했다. 공공개발로 시민 모두의 이익이 돼야 한다는 것이 내 원칙이었다.

국민의힘 세력의 저지로 공공개발이 막히자 공공민간 합동개발이라도 해서 최대한 공익환수를 하기로 했다. 이가 없으면 잇몸이라도 써야 한다. 국민의힘 세력이 장악한 시의회의 반대로 지방채 발행이 막혀 성남시 예산만으로는 개발자금을 조달할 수 없어 민간투자를 받아야 했다. 이에 나는 원칙을 세웠다.

자본은 민간이 댄다. 손해와 위험은 민간이 진다. 성남시는 사업이 어떻게 되든 고정이익을 취한다.

오히려 민간사업자가 계약을 꺼릴만큼 성남시에 일방적으로 유리한 사업방식이었다.

25억을 투자한 성남시는 당초 예상이익의 70%인 4,400억가량을 환수했고 1조 3천억을 투자한 그들의 몫은 30%인 1,800억이었다. 나중에 지가 상승으로 그들의 이익이 2천억가량 늘었지만 성남시가 업자들에게 1,400억 원을 더 부담시켜 전체이익의 60%가량을 환수해 시민들에게 돌린 결과가 됐다. 내가 아니었으면 5,800억도 그들 업자와 정치인, 전직 검사들의 몫이 되었을 것이다.

부동산 투기세력은 나의 기습에 또다시 당한 셈이다. 토건마피아가 지금까지도 결사적으로 나를 반대하는 배경이다.

땅을 통한 그들의 이익 추구는 매일매일 성실히 일하며 살아가는 서민들에게 박탈감을 준다. 상승하는 부동산 가격으로 다수의 사람들을 벼락거지로 만든다. 공동체 전 구성원들로 하여금 이 사회의 공정과 정의를 회의하게 만든다.

불로소득은 누군가의 손실이다. 부동산 불로소득은 누군가의 피눈물이다. 이 적폐를 뿌리 뽑지 않고서는 공정과 정의를 기대하기 어렵다.

세계 10위의 경제대국 대한민국이다. 이제 국가가 국민의 기본권으로서 주거권을 보장할 때다.

지역균형발전, 수도권 집중완화, 대규모 주택공급, 기본주택 등의 영민한 정책집행이 필요하다. 하기로 작정하고, 용기 있게 결정하고, 과감히 실행하면 얼마든지 가능하다. 그런 자신감이 내게는 있다.

국민들의 머릿속에서 집 걱정 사라지게 하는 것이 내 목표 중 하나다. 혼자서는 불가능하겠지만 부정과 불의를 끝내겠다는 백만, 천만 국민의 뜻과 의지가 있다고 믿는다.

부디 마음을 모아주시길……. 싸움은 아직 끝나지 않았다.

시민,
그 위대한 힘

　토건마피아와의 전쟁을 치르고 조금 쉬고 싶었다. 하지만 '우리 변호사'를 찾는 억울하고 다급한 사연은 차고 넘쳤다. 성남에서 가장 규모가 큰 병원 두 곳이 잇따라 폐업한다는 소식이 들렸다. 50만 명이 넘는 성남 구도심 지역주민이 이용하는 종합병원이자 응급의료기관이었다.

　주민들에게는 중대한 사태였다. 가만히 두고 볼 수 없었던 시민들은 성남시립병원 설립 범시민추진위원회를 만들었다. 그 일에서도 '성남시민모임'이 노동조합과 함께 중심에 설 수밖에 없었다.

　대학 1학년 때 일이다. 1주일의 군사학교 입소훈련을 앞두고 교련 교관이 장애를 증명하는 진단서를 떼어오라고 했다. 성남의 가장 큰 병원으로 갔다. 진단비가 2만 원이라고 했다. 돈이 없던 나는 발길을 돌렸고, 다음날 어렵게 2만 원을 마련해 들고 갔다. 그런데 병원에선 접수비 1천 원을 더 내라고 하더니 X-선비 1만8천 원도 추가로 요구했다. 무려 3만9천 원이었다. 화가 났다. 다른 병원에 전화를 걸어봤지만 취급하지 않는다는 답변만 돌아왔다.

병원은 에누리 없는 시장논리로 사람을 대하고 있었다. 의료보험 혜택을 받을 수 없어 치료도 포기했던 나였다. 마음이 씁쓸했다. 나는 진단서를 포기했다. 그리고 경험 삼아 입소를 하기로 하고, 비장애인 친구들과 똑같이 군사훈련을 받았다.

그런 일을 겪으며 의료에서 공공성이 얼마나 중요한지를 깨달았다. 다급한 생명의 문제이지 않은가? 성남시립병원 설립 추진운동은 다수 서민들을 위한 길이었다. 결국 나는 추진위원회의 공동대표를 맡게 됐다.

우리는 시립병원을 세우기 위해 주민발의 조례제정에 나서기로 했다. 주민발의 조례제정은 지방자치에 처음 만들어진 제도였고 교과서에나 있는 것이었다. 그것을 현실에서 실현하겠다고 꺼내 든 것.

지역 정치인들이 비웃었다. 압력을 행사하기 위한 퍼포먼스 정도일 거라 생각하는 사람도 많았다. 하지만 우리는 진심이었다. 나 또한 그때도 지금도 한다면 하지 시늉만 하는 사람은 아니다.

한파가 몰아치는 겨울, 우리는 노상에서 핸드마이크를 들고 주민발의 참여자를 모집하기 시작했다. 노조원들과 성남시민모임뿐만 아니라 변호사 사무실 상근자들까지 달라붙었다. 새벽 2시까지 일하는 날들이 반복됐다.

그렇게 주민발의자 18,595명을 모았다. 주민발의자는 자신의 거주지와 신원을 증명하는 주민증까지 확인해야 한다. 그런 발의자를 3주 만에 2만 명 가까이 모은 것이었다. 설립 지지 성명에는 20만 명이 넘는 시민이 참여했다. 구도심 지역 시민의 절반에 가까운 숫자였다. 시민들의 뜨거운 반응에 우리 모두가 놀랐다.

주민이 공공의료원 설립을 위해 스스로 나서 직접 발의한 조례안. 그것은 지방자치 역사에 기록될 기념비적인 일이었다.

스스로 나서는 위대한 시민, 존경스러웠다.

47초 만에 무산된
시민의 꿈

마침내 2004년 3월 24일, '성남의료원 설립 및 운영조례안'
이 성남시의회에 상정되었다.

당일 시의회 참관인석에 자리 잡은 우리는 시장과 시의원들
이 시립의료원을 설립하라는 성남시민의 압도적인 바람과 여론
을 쉬 무시하지 못할 거라 여겼다. 하지만 잠시 후 믿을 수 없
는 장면이 연출됐다. 단 47초 만에 '심의보류'가 선포된 것이
다. 심의보류는 사실상 부결이자 폐기였다. 최소한의 찬반 토론
도 없이 그랬다. 경악스러웠다.

한겨울 수만, 수십만 시민이 참여한 일이었고, 2년에 걸친 시
민들의 노력이 고스란히 녹아 있는 조례안이었다.

유동인구 50만이 넘는 성남 본시가지에 변변한 종합병원은
물론 공공의료시설이 제대로 없었다. 주민들은 가장 필요한 것

을 스스로의 노력으로, 또 정당한 권리와 방법으로 요구하고 있었다. 그러나 단 47초 만에 날치기로 묵살당했다. 한나라당이 장악한 성남시의회는 시민을 발끝에 차이는 돌부리만큼도 여기지 않았다. 분노한 우리는 본회의장으로 들어가 강하게 항의했다. 놀란 시의원들이 서둘러 꽁무니를 뺐다.

텅 빈 회의장에 주저앉아 모두 울었다. 그러면 안 되는 것이었다. 주권재민은 사전에만 있는 죽은 언어란 말인가.

일은 그것으로 끝나지 않았다. 성남시의회는 한술 더 떠 시민 대표와 나를 특수공무집행 방해로 고발했다. 그것이 시민을 대하는 그들의 태도였다. 나는 체포를 피해 시청 앞 주민교회 지하실에 숨었다. 체포가 두려워서가 아니라 고발당한 시민들에 대한 대책을 마련할 시간이 필요했기 때문이다.

"변호사님, 우리는 이제 어떻게 해야 합니까?"

교회 지하실로 찾아온 인하병원의 노조부위원장 정해선이 물었다.

길이 있는지, 길이 있다면 어디인지를 묻는 질문이었다.

외곽에서 목소리를 높이는 것은 한계가 있었다. 호랑이를 잡으려면 호랑이 굴로 들어가는 것이 옳았다.

"우리가 만듭시다."

내가 대답했다.

"어떻게요?"

"우리가 시장 합시다. 그리고 우리가 병원 만듭시다."

생생히 기억하는 2004년 3월 28일 오후 5시. 정치로의 길에 들어서는 순간이었다. 물론 그때의 내 대답은 '내'가 하겠다는 것이 아니라 '우리'가 하자는 것이었다. 시민의 자발적인 힘으로 시장을 세우고, 우리의 시장이 의료원을 만들도록 하면 될 일이었다.

지금 돌이켜보면 운명처럼 그런 일들이 있었다. 내 자리는 늘 가장 치열한 전선이었다.

그 일로 벌금 500만 원을 선고받아 파크뷰 사건에 이어 두 번째 전과가 생겼다.

그로부터 10년이 지난 2013년 나는 성남시장으로서 성남시의료원 착공식에서 착공 기념 발파 버튼을 눌렀다. 32개의 음압 병상이 설계된 성남의료원은 전국 최고의 공공의료원이 될 것이었다. 어느 날 페이스북에 나는 이렇게 썼다.

스포츠센터, 공원은 많은 예산을 들여 운영하는데, 의료원에는 왜 예산을 쓰면 안 될까요? 공공의료 서비스의 강화는 세금 내는 국민의 정당한 요구이며 권리입니다. 그러하니 적자나 공짜가 아니라 바람직한 예산집행이고 착한 투자입니다. 국민 건강을 위해 세금을 아껴 공공의료 체계를 확립하는 것은 국가의 의무입니다.

이재명 제거 작전
보고서

이명박·박근혜 정권 때 나흘에 3일꼴로 압수수색과 조사, 감사, 수사를 받았다.

집무실과 집에 대한 압수수색은 기본이었고, 검경은 해외출장 시 통화한 목록, 어머니가 시청에 출입한 CCTV 기록까지 요구했다. 성남시 공무원 수십 명이 조사를 받기도 했으며, 시청과 집에 50명의 검사와 수사관이 들이닥치기도 했다.

2012년 이명박 정권은 나에 대한 40쪽 분량의 보고서를 작성했다. 청와대와 행안부, 한나라당 소속 김문수 지사의 경기도가 성남시에 대한 내사에 들어가 2개월에 걸쳐 조사한 결과다. 당시 청와대 내부에서는 나를 물러나게 해야 하며, 성남의 보수 시민단체를 움직여 주민소환 투표를 유도한다는 구체적인 방법론까지 거론됐다고 한다.

이른바 '이재명 제거 작전 보고서'이다.

최근까지도 크게 다르지 않았다. 문재인 정권이 개혁하려 했던 구태 검찰세력은 나를 잡기 위해 온갖 시도를 했다. 때문에 선출직 공직자 생활 12년 동안 처음 2년을 뺀 나머지 기간 내내 정치적 명운을 건 사법투쟁을 계속해야 했다.

나는 기득권의 표적이며 끝없이 감시받아 왔다.

왜 그러한가. 덤볐기 때문이다. 공익을 위해 덤볐다. 적폐와 손잡지 않았다. 그 과정에서 온갖 의혹이 더해졌고 '아니면 말고' 식의 언론보도로 수없이 고약한 이미지가 덧대졌다. 나는 내가 어항 속 금붕어임을 잘 알고 있다. 호시탐탐 나를 제거하려는 세력은 지금도 매순간 나를 캐고 흔들어댄다. 이는 팩트이다. 그러하니 부패가 내겐 곧 죽음이다.

누구나 알 수 있을 것이다. 그런 상황에서 만약 내게 털끝만큼의 비리와 부정이 있었다면 내 정치적 생명은 끝장났으리란 걸······. 그 안에서 내가 살아남는 길은 오직 청렴이라는 방어막을 치는 것뿐이다. 빈틈없이, 철저히······.

잠시의 부주의도 허락되지 않는 전장, 내 심장을 맞추기 위해 쏟아지는 화살들.

하지만 나는 아직은 살아 있다.

가끔 생각한다. 판검사를 하고, 변호사로 무난하고 평범한 삶을 살았다면 어땠을까. 좋아하는 여행을 다니고, 낚시를 하고, 자전거를 타고, 가족과 맛있는 것을 먹는, 지극히 일상적인 삶을 살았다면 어땠을까……. 많이 힘겨운 어떤 날엔 그런 고민도 스친다.

하지만 길은 이리로 흘렀고, 나는 거부하지 않았으며, 최대한 성실히 내게 주어진 길을 걸어왔다.

내가 희망하는 사회는 더불어 함께 사는 세상이다. 그런 세상을 만드는 데 내가 도움이 될 수 있길 희망한다.

하지만 누구나 더불어 함께 잘 사는 그런 세상은 가만히 기다린다고 오는 것이 아니어서, 나의 싸움은 아직 마무리되지 않았다. 다만 혼자 싸워서는 절대 이길 수 없음을 절절히 느낀다. 함께 싸워줄 동지들이 필요하다.

그러하니 이 글을 읽는 여러분들께 슬쩍 물어보고 싶은 것이다.

여러분, 이재명입니다.

어떠신가요? 저와 함께 하시겠습니까?

상처는
빛이 인간에게 들어오는 통로입니다

차가 다니는 길도 없는 화전민 마을에서 태어나 한 마리 담비처럼 자란 소년이 있었습니다. 사방이 산으로 둘러싸인 오지의 저녁은 일찍 찾아왔습니다. 해가 지면 전깃불 한 점 없는 산촌은 온통 칠흑 같은 어둠이었습니다.

하지만 소년은 아름다운 빛의 아이였습니다. 산촌의 저녁을 밝히는 신비한 반딧불이는 소년의 친구였습니다. 소년은 깨끗한 계곡과 숲에 사는 신비한 반딧불이를 쫓아다니며 담비처럼 자랐습니다.

반딧불이의 친구였던 소년은 6년 동안 시오리(6km) 산길을 걸어서 초등학교에 다녔습니다.

그 소년은 초등학교를 졸업하고 성남으로 올라와 열세 살 나이에 소년공이 되었습니다. 친구들이 교복 입고 중·고등학교에 다닐 때 소년은 공장에서 일했습니다. 공장의 불빛은 밝았지만 따뜻하지 않았습니다. 공장은 위험하고, 일은 힘들었습니다. 폭행은 일상적이었습니다. 그는 100개가 넘는 상처를 입고, 기계에 찍혀 손목을 다쳤습니다.

　손목의 성장판이 멈추면서 굽어버린 팔은 그에게 절망이었습니다. 더 이상 노동자로도 살아갈 수 없게 되었습니다. 기능공이 되어 어머니와 가족들을 가난에서 구원하고 싶었던 소년의 꿈은 산산조각이 났습니다. 공부해서 성공하는 길 외에는 달리 살길이 없었습니다.

　그러나 학교는커녕 학원도 다닐 처지가 아닌데 어떻게 합니까. 수면제 20알을 먹고 연탄불을 피워둔 다락방에 누워 두 번이나 자신을 세상에서 지워버리려고 했습니다. 이상하게 여긴 약사가 준 가짜 수면제 덕분에 살아난 소년은 마음을 바꿉니다. 절망이 아닌 희망을 선택하기로. 열일곱 살 소년공은 열세 살 때부터 써온 일기장에는 이렇게 씁니다.

"어렵다는 것은 가능성이 있다는 것이다."
"고생하는 어려운 사람들의 빛이 되어보자."

그는 어려움 사이에 남아 있는 실낱같은 희망에 도전합니다. 무슨 일이 있어도 공부하기로 각오를 다진 소년은 세 가지 목표를 세웠습니다. 그리고 일기장에 이렇게 꾹꾹 눌러썼습니다.

첫째, 남에게 쥐 터지지 않고 산다.

둘째, 돈을 벌어 가난에서 벗어난다.

셋째, 자유롭게 돌아다니며 산다.

여섯 식구가 사는 단칸 셋방에는 책상 하나 놓을 자리가 없었습니다. 식구들이 자는 방에 불을 켜둘 수도 없었습니다. 책을 들고 마당으로 나가 수돗가에 놓인 물통을 엎어놓고 책을 펼쳤습니다. 주인집 창문에서 흘러나오는 불빛을 빌려서 그는 공부했습니다. 그렇게 고입 검정고시와 대입 검정고시를 통과한 그에게 대학 입학시험을 준비할 시간은 단 8개월이었습니다. 그것도 학원비를 마련하기 위해 공장에 다니면서 말입니다. 공장의 관리자와 고참들은 책을 끼고 다니는 소년공을 아니꼽게 여겼습니다. 시험이 눈앞인데 매를 맞아 갈비뼈가 부러졌습니다. 그래도 소년은 꿈과 목표를 포기하지 않았습니다.

아침에 출근해서 가슴의 통증을 견디며 종일 일하고 5시 반에 퇴근해서 서울의 답십리에 있는 학원으로 달려가 공부했습니다. 막차를 타고 돌아와 동네 독서실 희미한 불빛 밑에서 새벽 4시까지 공부했습니다. 졸지 않으려고 책상에 깔아둔 압정에 찔려 흘린 피로 참고서가 얼룩졌습니다. 그렇게 밤새워 공부하고 통금이 해제되는 4시에 가로등도 없는 어두운 길을 걸어집으로 돌아가 3시간 자고 다시 공장으로 출근했습니다.

공부를 시작할 때 전국 30만 등 밖이었던 그는 8개월 공부해서 대입 학력고사에서 2천 등 대에 들었습니다. 그는 등록금 전액을 면제받고 매달 20만 원의 생활비를 주는 대학교 특별대우 장학생이 됩니다. 그가 다달이 받은 장학금은 공장에서 받던 소년공 월급의 세 배였습니다. 자신이 받은 장학금으로 형을 공부시켜 대학에 보냈습니다.

언론에서 보도한 대로 '광주폭동'으로만 알았던 광주민주화운동의 진실을 대학에 가서야 알게 된 그는 부끄러웠습니다. 선배와 동기들이 운동권에 들어오라고 했지만 그는 그럴 수 없었습니다.

"미안하지만, 나는 변호사가 되어 어려운 사람들과 함께하겠다."

그렇게 말했던 소년공 출신 대학생은 약속을 지켰습니다. 사법고시에 합격한 그는 판·검사를 할 수 있는 성적이었지만 변호

그 꿈이 있어 여기까지 왔다   187

사의 길을 선택합니다. 소년공이었던 어제의 자신이 있는 성남
으로 돌아간 24세 변호사는 이렇게 다짐하고 일기에 씁니다.

"돈을 변호하지 말고 인간을 변호하자."

그는 권리의 사각지대에 놓인 노동자들과 소외된 성남시민에
게 반딧불이와 같은 작은 빛이라도 되어보려고 했습니다. 그는
금방 그들에게 '우리 변호사'가 되었습니다. 유명해지고 정치하
면 망한다고 굳게 믿었던 그가 성남시장에 나선 것은 시민을 개
돼지로 여기는 정치와 싸우기 위해서였습니다.

큰 병원 두 곳이 문을 닫으면서 응급의료기관이 없어지게 된
성남 구도심 지역에 시립병원을 설립하자는 20만 명의 간절한
서명이 담긴 '주민발의 조례안'을 살펴보지도 않고 단 47초만에
쓰레기통으로 던져버리는 정치를 바꾸고 싶었습니다.

공약이행율 1위 시장이었던 그는 '이사 가고 싶은 도시' 성남
을 '이사 오고 싶은 도시'로 바꾸어 놓았습니다. 경기도지사가
된 그는 도민들로부터 '경기도민인 것이 자랑스럽다'는 이야기
를 들었습니다.

20대 대통령 선거에 출마했던 그는 0.73% 차이로 아쉽게 졌
습니다. 그는 표 차이가 근소하니까 조금 더 지켜보자는 주변의

만류에도 새벽 3시 40분에 당사로 나가 패배를 인정했습니다.

빠른 승복 선언으로 국민의 갈등을 줄이는 것이 패자의 책임이라고 여겼기 때문입니다. 승자에게는 승자가 져야 할 책임이 있는 것처럼, 패자에게는 패자가 감당해야 할 책임이 있으니까요. 그는 밤낮 없이 뛰어다닌 지지자들에게 머리 숙여 사과드리고 마음 깊은 곳에서 우러나온 고마움을 전하며 윤석열 당선자에게 축하를 보냈습니다.

"모든 것은 다 제 부족함 때문입니다. 모든 책임은 오롯이 저에게 있습니다. 윤석열 후보님께 축하의 인사를 드립니다. 당선인께서 분열과 갈등을 넘어 통합과 화합의 시대를 열어주실 것을 간곡히 부탁드립니다. 여전히 우리 국민을 믿습니다. 우리 국민은 위대했습니다. 여러분이 있는 한 대한민국은 계속 전진할 것입니다."

근소한 차이였지만 진 것은 진 것이었습니다. 어떤 단서도 없이 깨끗이 승복했습니다. 최대의 존중과 예의를 갖추어 당선자에게 축하를 보냈습니다. 그가 빠르게 승복하고 개방적 태도로 협조해야 근소하게 이긴 윤석열 정부가 국민을 위해 더 잘 일할 수 있으리라 믿었기 때문입니다.

그러나 윤석열 정부는 그의 기대를 너무나 빨리, 허망하게 무너뜨렸습니다.

좋은 정부는 나랏일을 맡긴 국민의 권리와 이익을 위해 일합니다. 나쁜 정부는 국민을 업신여기고 국민 위에 군림하면서 자기 패거리의 이익만 좇습니다. 안타깝게도 윤석열 정부는 나쁜 정부의 길을 선택했습니다. 나라의 미래 비전은 하나도 준비하지 않고, 취임하기도 전부터 다수의 국민이 반대하는 청와대 이전을 졸속으로 강행했습니다. 멀쩡한 청와대를 내버리고 대통령 집무실을 용산으로 이전하는 데 드는 천문학적 비용, 국방부이전에 따른 국가안보의 문제점 등은 아랑곳하지 않았습니다. 국민을 위해 일하라고 준 권력을 오직 정적들 핍박하는 데만 사용했습니다.

윤석열 정권의 검찰은 그를 제거하기 위해 지방검찰청 하나규모의 검사와 수사관들을 투입하고 500번 넘는 압수수색을 벌였지만, 없는 죄를 만드는 데 모두 실패했습니다.

2024년 1월 2일 오전, 그는 목에 칼을 맞았습니다. 법으로도 언론으로도 죽이지 못한 그를 칼로 죽이려 했습니다. 쓰러진 그는 손으로 목을 잡아 눌렀습니다. 손바닥으로 뜨뜻한 것이 흘러내렸습니다. 죽는구나, 싶었습니다. 하늘을 보니 너무나 햇빛이 눈부셨습니다. 곧 저 하늘의 빛이 눈앞에서 사라지겠지. 끝이다, 생각하니 가족들과 그를 너무나 사랑해 주셨던 어머니가 보고 싶었습니다.

그러나 그는 죽지 않았습니다. 1cm만 옆에 찔렸어도 그는 지금 살아있지 않을 것입니다. 경찰은 범행 직후 현장에 흘린 그의 핏자국을 사진 한 장 남기지 않고 물청소해 버렸습니다. 곧이어 그의 병원 이송이 특혜라는 여론몰이가 시작되었습니다.

아무리 미운 정적이라고 해도 생사를 오가는 사람에게 어떻게 그런 모진 여론몰이를 할 수 있을까요. 그러나 그는 죽을 고비를 넘기고 병원에서 지내며 삶에 대해 많은 생각을 하며 더 의연해졌습니다. 남아 있는 생을 덤으로 여기기로 했습니다. 그렇게 마음을 정리하자 모든 일에 담담해졌습니다.

윤석열 정권은 법으로도, 언론으로도, 칼로도 죽이지 못한 그를 비상계엄령으로 죽이려 했습니다. 믿기지 않는 12.3 내란 소식을 들은 그는 오직 불법적인 비상계엄령을 해제시켜야 한다는 일념으로 계엄군이 기다리고 있을 국회로 달려갔습니다. 달려가며 유튜브 방송으로 국민들에게 호소했습니다.

"국민 여러분, 국회로 와주십시오... 늦은 시간이긴 하지만 국민 여러분께서 이 나라를 지켜주셔야 합니다. 저희도 목숨을 바쳐 이 나라 민주주의 꼭 지켜내겠습니다. 우리의 힘만으로는 부족합니다. 이 나라의 주인이신 국민 여러분께서 나서주셔야 합니다."

그가 유튜브 방송을 하는 동안 운전대를 잡은 그의 아내는 쉼
없이 눈물을 흘렸습니다. 살아서 돌아오지 못할지도 모를 사지로
그를 태워다 주며 아내는 방송에 지장을 줄까, 울음소리마저 삼
켜야 했습니다. 그는 미처 병력이 배치되지 않은 국회 담장을 넘
어 들어가 절체절명의 순간에 계엄령을 해제시키고, 마침내 국민
을 배반한 내란 우두머리 윤석열의 탄핵안을 가결시켰습니다.

그는 국회대로를 가득 채우고 기다리던 시민들 앞으로 걸어
나갔습니다. 내란이 일어난 12월 3일 국회에 들어온 지 11일
만에 바깥으로 나가는 것이었습니다. 죽을지 모른다는 생각으
로 담을 넘어 들어온 국회를 살아서 당당히 걸어 나가는 그의
가슴은 먹먹했다. 여의도의 저녁을 찬란하게 밝힌 형형색색의
응원봉 불빛을 바라보며 그는 마이크를 잡았습니다.

"국민 여러분이 해내신 것입니다. 국민 여러분께서 새로운 역사를 쓰
고 계시는 것입니다. 전 세계에 없는 무혈 촛불혁명을 이뤄냈던 것처
럼, 다시 빛의 혁명을 만들어내고 있습니다."

그의 눈앞에 펼쳐진 여의도 광장은 찬란하고도 황홀한 빛의

축제였습니다. 2016년 광화문을 달군 촛불혁명과 다른 새로운 혁명이었습니다. 무겁고 비장하던 촛불시민들과는 다른 발랄하고 경쾌한 빛의 전사들이 춤추며 노래하고 있었습니다. 그는 이것이 빛의 혁명임을 직감했습니다.

그가 '빛의 혁명'이라고 부른 다음 주부터 촛불혁명이란 이름은 지난 역사의 한 페이지가 되었습니다. 찬란한 빛의 혁명은 촛불처럼 여전히 간절했지만 더 이상 위태롭지 않습니다. 어떤 어둠의 세력도 빛을 이길 수는 없습니다.

2024년 겨울, 대한민국은 '빛의 혁명'과 함께 새로운 시대를 향한 여정을 시작했습니다.

그는 찬란한 빛의 여정 맨 앞에 섰습니다. 그는 지나온 자신의 길을 밝혀주었던 모든 빛을 잊지 않을 것입니다. 한 마리 담비처럼 살았던 산골 아이의 친구가 되어준 반딧불이를, 소년공의 몸에 새겨진 100개가 넘는 상처의 순간을 지켜본 공장의 불빛을, 마당에서 공부하던 소년을 비춰준 주인집의 불빛을, 칼을 맞고 쓰러져 바라보았던 그 눈부시던 햇빛을...

이재명의 삶을 아는 분들은 모두 그가 얼마나 많은 상처를 입으며 여기까지 왔는지 잘 알고 있습니다. 그러나 그가 입은 상처는 모두 가난과 불의와 불공정과 싸운, 지울 수 없는 기록들입니다. 사적 이익을 지키려다 입은 상처는 단 하나도 없었습니다.

13세기 페르시아의 시인 루미는 '상처는 인간에게 빛이 들어오는 통로'라고 했습니다. 중세의 달빛 사이로 걸어간 시인의 통찰력을 빌리면, 그의 상처는 그만큼 많은 빛이 그의 내면으로 스며든 흔적일 것입니다.

'성실하고 소박한 사람들, 가진 게 없어 서러운 사람들의 빛이 되어 보겠다.'

그 꿈이 있어 그는 여기까지 왔습니다. 이재명 자서전 '그 꿈이 있어 여기까지 왔다'는 한 사람이 꾸었던 눈물겹게 아름다웠던 꿈, 그 꿈을 향한 여정에서 입은 수많은 상처의 기록입니다. 그 상처를 통해 그가 흡수한 내면의 빛으로 그는 스스로 발광체가 되었습니다.

* 이 책은 스토리텔링콘텐츠연구소가 정밀한 취재와 조사, 검증을 거쳐 정리한 이재명 서사의 정본 '이재명 평전-인간 이재명'을 토대로 〈웹자서전〉 자원봉사자들의 도움을 받아 이재명 후보와 스토리텔링콘텐츠연구소가 펴낸 공동저술입니다.

1963년	경상북도 안동군 예안면 도촌리에서 태어났다.
1976년(12세)	삼계초등학교(현 안동 월곡초등학교 삼계분교장) 졸업 직후 성남으로 올라와 목걸이 만드는 공장에 취업해 납땜을 했다.
1977년(13세)	성남시 상대원동에 있는 동마고무 공장에서 연마공으로 일했다.
1978년(14세)	성남시 상대원동에 있는 아주냉동 공장에서 샤링공으로 일했다. 성남시 상대원동에 있는 있는 대양실업으로 옮겨 프레스공으로 일하다 기계에 손목이 찍혀 팔이 굽는 산재를 당했다. 공부하기로 결심하고 공장에 다니며 4개월 공부해 고입 검정고시에 합격했다.
1979년(15세)	성남시 상대원동에 있는 오리엔트 시계공장 도색실에서 일했다.
1980년(16세)	오리엔트 시계공장에서 다니며 공부해 대입 검정고시에 합격했다.

1981년(17세)	오리엔트 시계공장에 다니며 서울 답십리에 있는 삼영학원 대입 야간반에 등록했다.
	공장에서 맞아 갈비뼈가 부러졌다. 그 상태로 공부해 8개월 만에 전국 모의고사 30만 등 밖에서 학력고사 전국 2천 등 대에 들었다.
1982년(18세)	중앙대학교 '선호장학생 A'로 입학해 등록금을 전액 면제 받고 매월 20만원의 특별장학금을 받았다.
1984년(20세)	만 20세가 되어 응시 자격이 생겨 처음 응시한 사법고시 1차 시험에 합격했다.
1985년(21세)	사법고시 2차 시험에서 상법 과목의 과락으로 낙방했다.
1986년(22세)	제28회 사법시험에 최종 합격했다.
	그의 생일인 음력 10월 23일 아버지가 세상을 떠났다.
1987년(23세)	사법연수원 제18기로 들어가 뜻 맞는 연수생들과 〈노동법학회〉를 만들어 공부와 상담봉사활동을 했다.
1988년(24세)	안기부 요원이 법원에 상주하며 재판에 개입하는 일에 앞장선 정기승의 대법원장 지명에 반대하는 사법연수원생 185명의 서명을 받아 〈사법부 독립에 관한 우리의 견해〉란 시국 성명을 발표했다.

1989년(25세)	사법연수원을 마치고 판·검사를 할 수 있는 성적이 되었으나 성남으로 가 변호사 사무실을 열고 노동 인권변호사로 활동했다. 여주·이천노동상담소장을 맡아 매주 1회 무료 노동 상담 활동을 했다.
1990년(26세)	성남에 변호사 사무실에 부설 노동상담소를 열고 대학시절 '변호사가 되어 어려운 사람과 함께 하겠다'고 약속한 친구 이영진을 소장으로 초빙했다.
1991년(27세)	김혜경 여사와 결혼했다.
1994년(30세)	성남시민모임(성남참여연대)의 창립에 참여하고 집행위원장을 맡아 시민운동을 시작했다.
2000년(36세)	분당 백궁·정자지구 용도 변경 특혜 의혹을 제기하였다.
2002년(38세)	분당 파크뷰 특혜 분양 의혹을 제기하였다.
2004년(40세)	성남시의회에 상정된 시립병원 설립 조례안의 심의 보류(실질적인 폐기)에 항의하다 수배자가 되었다.
2010년(46세)	성남시장에 당선했다.
2014년(50세)	성남시장에 두 번째 당선했다.
2018년(54세)	경기도지사에 당선했다.

2022년(58세)	제20대 대통령 선거에 더불어민주당 후보로 출마하였으나 낙선했다.
	제21대 국회의원 보궐선거에서 인천 계양구 을 선거구에 출마하여 당선했다.
	더불어민주당 제6대 당대표에 선출되었다.
2024년(60세)	부산에서 목을 칼에 찔리는 테러를 당했다.
	더불어민주당 정기전국당원대회에서 85.4%의 압도적인 지지를 받아 당대표로 재선출되었다.
	당대표로 더불어민주당을 지도하여 불법 계엄령을 해제시키고 내란 우두머리 윤석열을 탄핵시킴으로써 내란을 막아냈다.
2025년(61세)	제21대 대통령 선거에 출마하여 당선했다.

이재명 자서전
그 꿈이 있어 여기까지 왔다

2022년 2월 18일 초판 1쇄 발행
2025년 5월 25일 초판 10쇄 발행
2025년 6월 3일 2판 1쇄 발행
2025년 6월 24일 2판 3쇄 발행

지은이 이재명
기획 스토리텔링콘텐츠연구소
대표진행 김민정 황윤희
표지디자인 검정글씨
펴낸곳 (주)아시아 | **출판등록** 2006년 1월 27일 | **등록번호** 제406-2006-000004호
주소 경기도 파주시 회동길 445
전자우편 bookasia@hanmail.net

ISBN 979-11-5662-801-9 (03340)
값은 뒤표지에 있습니다.